U0042371

臺北縣鶯歌陶瓷深度之旅

臺北縣立鶯歌陶瓷博物館
Taipei County Yingge Ceramics Museum

 藝術家 出版社
Artist Publishing Co.

出版

臺北縣

鶯歌陶瓷深度之旅

編輯序

鶯歌，這座充滿著歷史文化與人情味的城鎮，因陶瓷而興盛，也因陶瓷而聞名。從早期粗陶甕罐的燒製，到今日發展成囊括六大陶瓷品類的生產，鶯歌已躍升為臺灣陶瓷重鎮，也是世界陶瓷之都。而全國首座陶瓷博物館——臺北縣立鶯歌陶瓷博物館，自2000年11月26日開館之後，致力於連結鶯歌過去輝煌的成績，與今日持續努力的窯廠與工作者，共同推廣鶯歌陶瓷與活絡觀光產業的發展，讓鶯歌陶瓷文化邁向新的紀元。

為了讓民眾能輕鬆了解鶯歌的歷史、文化，以及觀光資訊，鶯歌陶瓷博物館和藝術家出版社合作出版本書，希望讓更多想探訪鶯歌、遊玩鶯歌的人，有一本資訊豐富又輕鬆的文化旅遊書。本書分成「認識鶯歌」與迎迌　鶯歌」兩大篇，在「認識鶯歌」篇章中，你將可以了解鶯歌城鄉的發展，以及鶯歌陶瓷產業的發展歷程與今日的成果；迎迌　鶯歌」篇章中，將深入淺出地介紹鶯歌的文化史蹟與自然景觀，也介紹鶯歌陶瓷陶博館的空間與活動，當然最重要的是為您介紹鶯歌鎮上精采的賞陶、買陶、玩陶、特色餐飲等資訊，一步步帶您進入探索鶯歌陶瓷的美麗天地。

來到鶯歌鎮，您所需要的是緩下您的腳步，
進入鶯歌城的文化思緒，悠閒地漫遊這美麗的小鎮。
就讓我們開始去迎迓鶯歌囉！

文化・觀光・鶯歌陶瓷城

鶯歌的沿革
陶瓷鶯歌的形成
陶瓷觀光城的建設
產業文化化與文化產業化的新氣象

鶯歌的沿革

鶯歌為臺北縣西南方的鄉鎮，離臺北市25公里、桃園6公里，緊鄰山林地、大漢溪，東接樹林、南界三峽、桃園大溪鎮，北連桃園龜山，西鄰桃園市、桃園八德市，腹地21.1248平方公里，人口數截至2005年約83894人。

在漢人墾殖之前，鶯歌是原住民凱達格蘭族居住、漁獵之地，稱「龜崙社」，清康熙時將其所屬鄰近區域統稱為「海山」。1684年（清朝康熙23年），廣東客家人呂氏兄弟開闢建德里，次年，泉州人陳瑜拓墾「南靖厝」，是漢人移民之始。清朝末年鶯歌屬淡水縣海山堡南雅廳所管轄，南雅廳共有52庄，在鶯歌境內者包含「鶯歌石庄」、「橋仔頭庄」、「二甲九庄」、「尖山庄」、「南靖厝庄」、「阿四坑庄」、「牛灶坑庄」、「大湖庄」等，是目前各里區規劃的雛型。日治時期設臺北縣，後來改隸臺北州海山郡鶯歌街（含樹林地區），已具有鄉鎮市的規模。光復後，1946年8月，原鶯歌北部釋出成立樹林鎮，鶯歌鎮則規劃成14里，後因人口增加，截至今日，境內已有20里[1]。

在1902年（日明治32年）日人改建鐵道經過鶯歌之前，大漢溪水運與鶯歌山間步道是居民對外的交通幹道。昔日大漢溪水量充沛，航運發達，乾隆年間沿岸的二甲九地區即設有碼頭擺渡，上可連接大溪，下可達板橋、艋舺、大稻埕，日治時期日人在此興建糖廓，每天往返的船隻近百艘，「蔗廓」也成二甲九碼頭別稱。1919年桃園大圳完工，導致大漢溪水量驟減，不利航行，至1941年

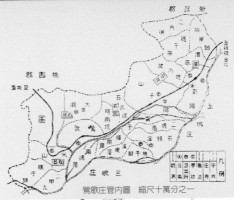

鶯歌庄管內圖　縮尺十萬分之一

上／早年挑擔渡船景象。（鄭桑溪　攝影）
下／綠意盎然的鶯歌山林步道。（彭春榮　攝影）

大漢溪旁的鶯歌石。（劉振祥 攝影）

航運完全被鐵路取代。

在公路未開通前（1930年），鶯歌山間步道已經四通八達，從中湖、北鶯、建德連接到樹林大同山，沿途亦可達牛灶坑山、石灰坑山、龜崙山，遠更可及東湖、龜山兔子坑等地，近年經過臺北縣政府撥款興建步道景觀，已經成為健身踏青與一覽大漢溪沿岸美景的最佳去處【2】。

鶯歌北面山脈斜坡有一巨石形如鷹鶯，被稱為「鶯歌石」，遂引為鎮名。鶯歌石為沈積岩構成。傳說有鸚鵡和飛鳶兩隻巨鳥為患鄉里，一日在空中相鬥，吐霧成瘴，民眾爭相走避，鄭成功見之搭弓射落，死後化成鶯歌石與鳶山，分峙大漢溪兩岸，遙遙相對。

另一傳說鶯歌石有時吐瘴癘之氣，鄭成功軍隊曾據此地，因為瘴氣而迷路，於是鄭軍以炮射斷其頸，隨之瘴霧忽然消散，得以安全進軍。鶯歌石身上數個岩洞，更傳為日本人戰敗後的藏金祕地，更添鶯歌石的傳奇色彩。當鶯歌成為陶瓷重要產地後，當地俗諺說「好天落『块』（鶯），下雨落『糕』（歌）」，更傳神地點出鶯歌燒窯時煤煙四散、下雨後泥濘不堪的環境景象【3】。

【1】、【2】、【3】參考臺北縣立鶯歌陶瓷博物館「鶯歌製陶200年」網站，網址：
http://www.ceramics.tpc.gov.tw/web/yingo200/ceramictown/ town.htm

陶瓷鶯歌的形成

自1804年（清嘉慶9年）福建泉州磁灶人吳鞍來到兔子坑作陶開始，鶯歌製陶已超過200年，但光復之前鶯歌仍以農業為重，直到1970年代以後才成為臺灣重要陶瓷生產地區，1980年代後陶瓷相關產業就業人口占總就業人口約莫半數【4】，居民的生活與陶瓷產業密不可分。

吳鞍當年渡海來臺，先於鶯歌大湖兔子坑（今桃園縣龜山鄉兔子坑）製陶，不久因漳泉械鬥，輾轉遷移至鶯歌尖山埔街一帶，即今日的陶瓷老街。因尖山埔為丘陵地，適合蛇窯建築，附近黏土也適合製陶，於此落地生根，爾後吳鞍族人陸續渡海來臺加入陶瓷生產，此處遂為鶯歌製陶的發源地。

鶯歌因為海山地區林地廣闊，有足夠的柴薪作為燒陶的燃料，三鶯地區又盛產煤礦，加上大漢溪水運交通系統便利，以及鶯歌東北、東南及西向道路系統已初具規模，市場腹地大，形成早期鶯歌

上／由彩繪師傅以傳統工筆畫法完成的藝術陶瓷，成為鶯歌1970年代以後具高附加價值的主力產品。（劉振祥 攝影）
下／1960-70年代煙囪林立的鶯歌鎮。（翁庭華 攝影）

上／本圖取自《鶯歌鄉土誌》。

左／隧道窯。用於生產磁磚的隧道窯，可以24小時不停火，讓鶯歌窯業進入資本密集、技術密集的工業化階段。（劉振祥 攝影）

原木在鶯歌的福州籍師傅回歸大陸，人力短缺的情形也促使業者加速機械化。

　　光復初期，臺灣與日本貿易終止，後來又與大陸往來斷絕，進口陶瓷的供應中斷，促成國內窯業迅速成長，鶯歌當然也不例外，又1960年代中期以後，原臺灣窯業大鎮的北投，由於禁燃生煤、禁止採土政策的限制而停產，鶯歌基於地緣關係，承襲其技術和人力資源，遂躍昇成為臺灣陶瓷中心。

　　1971年鶯歌引進天然瓦斯後，陶瓷品質由石陶器升級為瓷器，產業規模也朝向資本密集和技術密集的自動化機械生產，或是朝向高附加價值的藝術陶瓷發展，此時，鶯歌已成為名符其實的臺灣陶瓷重鎮。

製陶持續發展的有利條件。

　　日治時期，雖然日本窯業輔導區域不包括鶯歌，但日人在鶯歌修築鐵路與發展對外公路等工程，成為鶯歌窯業發展的重要基礎之一，當時已有落款為「尖山燒」的鶯歌陶瓷製品。日治末期鶯歌窯業逐漸由傳統邁向現代化，是因為中日戰爭爆發前，日人在臺推行「工業臺灣」，使得鶯歌製陶業者有機會引進機械設備，後來又因為戰爭爆發，許多

【4】根據學者馬有成的統計，鶯歌鎮工業就業人口在1967年開始超越農業就業人口，至1981年從事非金屬從業人員占有業人口約46%，從事陶瓷產業的比例很高。參考馬有成，〈地方產業到文化產業──戰後鶯歌鎮陶瓷產業文化的演進〉，《鶯歌製陶兩百年國際研討會論文集》，臺北縣立鶯歌陶瓷博物館，2004，頁70。

陶瓷觀光城的建設

　　1980年代初期，隨著行政院文化建設委員會「一鄉一特色」推動地方文化的計劃，臺北縣立鶯歌陶瓷博物館於1988年立案籌畫，但直到1995年鶯歌陶瓷觀光的規劃才正式逐步進行中。最主要的計畫是1995年行政院交通部觀光局委託臺北市都市環境研究學會研擬「鶯歌國際陶瓷城規劃」，主持單位為觀光局與鶯歌鎮公所，該報告於1996年6月完成，目前已進入中期（2002-2006年）發展階段。已完工的建設包括鶯歌石觀光遊憩區（1997年）、大漢溪河濱公園（1998年）、疏洪道橋至大漢橋環河快速道路（1999年）、北二高鶯歌交流道內環線（1999年）、中山路與中正一路分隔島（2000年）、鶯歌陶瓷老街（尖山埔路）行人徒步區（2000年4月）、陶瓷老街入口意象牌樓（2000年）、三號公園停車場（2000年）、臺北縣立鶯歌陶瓷博物館（2000 年11月開幕）、拓寬縣114道路鶯歌樹林段（2001年）、鎮公所行政中心大樓（2001年）、鶯歌火車站（2002年）、三鶯交流道入口意象雕塑工程等。進行中的建設包括文化路拓寬計畫、陶博館後方陶瓷公園等【5】。

　　此外，1996年經濟部商業司配合推動國內商店街計劃，委託財團法人中衛發展中心執行「鶯歌陶瓷老街—尖山埔路商店街輔導計畫」，並輔助成立以尖山埔路店家為主的「臺北

上／2000年11月26日臺北縣立鶯歌陶瓷博物館落成開幕，是鶯歌鎮的重要地標，也是全國唯一一座以陶瓷為主題的博物館。

下／2000年完工的陶瓷老街入口意象牌樓，是仿製文化路古宅「成發居」牌樓而設。

1. 用馬賽克磁磚拼貼裝飾的車道涵洞，是入出鶯歌城的要道。
2. 鶯歌石觀光遊憩區的步道。
3. 現代新穎的鶯歌鎮公所辦公大樓。（孫國棋 攝影）
4. 大漢溪河濱公園。（陳靜白 攝影）
5. 便捷舒適的新鶯歌火車站。（孫國棋 攝影）
6. 鶯歌陶瓷老街（尖山埔路）。

縣鶯歌鎮陶瓷藝術發展協會」；1997年經濟部中小企業處委託財團法人人文科學文教基金會執行「臺北縣鶯歌陶瓷產業輔導計畫」，以三年計劃推動鶯歌鎮陶瓷街區（尖山埔路、中山路及文化路街區）地方特色產業整合工作，並輔導成立「臺北縣鶯歌鎮陶瓷文化觀光發展協會」；又2003年以陶瓷老街後街重慶街店家為主，自發成立「臺北縣鶯歌鎮捏陶雕塑發展協會」。以上三大協會成為鶯歌店家窯場的活力重心。

【5】參考傅茹璋，〈打造鶯歌國際陶瓷城之進程〉，《鶯歌製陶兩百年國際研討會論文集》，臺北縣立鶯歌陶瓷博物館，2004，頁213-215。

產業文化化與
文化產業化的新氣象

　　鶯歌鎮製陶自1804年開始迄今，以1970-80年代為產業榮景之最，1990年代因大陸市場開放，導致以代工為重的鶯歌，頓時失去市場，中大型窯場紛紛外移，留在國內的窯場無不苦思轉型方向。

　　陶瓷因具多元性的價值與意義，使它受到普遍而廣泛的重視。自古以來，陶瓷在文明史上便具有文明開化程度的識別意義，因而同時是民族優越感與美學的象徵符號；又實際生活上陶瓷亦是普遍的器用材料，對陶瓷製作者而言是重要的經濟產品，對一般人而言它與生活是息息相關的。在經歷長久的發展，及現代化生產與材料科學技術精進的影響，陶瓷的類別繁多，由於鶯歌業者的努力，鶯歌生產各類型的陶瓷，諸如機械化量產的日用陶瓷、建築陶瓷、衛生陶瓷、工業陶瓷、裝飾陶瓷、古典彩繪陶瓷與藝術家彩繪陶瓷，以及強調作者個人獨特性的生活創作陶和藝術創作陶等，皆為鶯歌陶瓷品類之一。

　　隨著城鎮觀光化的變化，鶯歌製陶的品類與行銷將隨市場需求而有所變異，同時帶動地方相關產業的發展，如陶瓷體驗教學、文化導覽、餐飲業、藝廊、旅遊業、交通服務、地方紀念禮品開發，甚至私人博物館的設立等。迄今，鶯歌已經形成一個完整的陶瓷觀光聚落，產業文化化、文化產業化正深植於鶯歌陶瓷產業的體質中。

隨著鶯歌城鎮觀光化的發展，不論在陶瓷生產、陶瓷展售或陶瓷文化體驗活動與休憩餐飲等，都有創新的思維與作法，一個完整的陶瓷觀光聚落已經形成，產業文化化、文化產業化也慢慢形成中。

鶯歌陶瓷發展簡史

鶯歌陶瓷之始
　日治工業化後的鶯歌
　　煙囪林立的年代
　　　鼓勵外銷的年代
　　　　多采多姿的鶯歌

鶯歌陶瓷之始

目前已知鶯歌最早的陶器，是新石器時代土地公山類型的史前文化出土品，可能是鶯歌龜崙社的祖先或其他臺灣史前人類所遺留，距今約3500至2000年前，所發現的陶器為露天野燒之紅陶。而在漢人移墾之前的鶯歌原住民族製陶技術與文化，早已被後來的漢人文化所淹沒不易考證。

漢人陶瓷的大量出現，始於漢人的移墾。漢人對鶯歌地區的開發可追溯至1684年（清康熙23年），此時期移民鶯歌的漢人所用的日用陶瓷器，大多是從大陸家鄉帶來的。

兔子坑現址。（孫國棋 攝影）

現存於國慶街、光明街口的協興瓦窯，以燒製黑瓦為主，窯體之大可見當時燒窯盛況。（蘇世德 攝影）

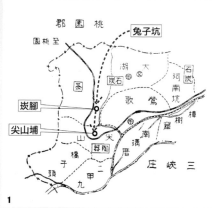

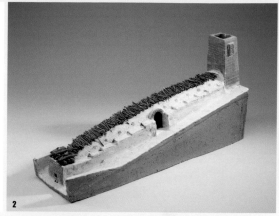

1. 據傳鶯歌製陶第一人吳鞍，最先在鶯歌兔子坑開墾製陶，後遷至崁腳，最後定居尖山埔。
2. 蛇窯模型圖。鶯歌已知最早出現的製陶窯爐是蛇窯，使用植物燃料，製作無釉中、小型土器。（吳明儀 提供；陶博館 攝影）
3. 約日治末到光復初製作的掛立兩用筷籠，背後以釉藥書寫「尖山」款，樸素簡單的形式，最符合一般常民使用。（陶博館 館藏）
4. 後人取兔子坑土所做的碗。（陶博館 館藏）

　　至於鶯歌窯業的出現，則要晚至清嘉慶年間，第一位製陶者與時間眾說紛紜，其中較明確說法是1804年（清嘉慶9年）泉州磁灶人吳鞍隨著移民潮，渡海來到大湖地區的兔子坑（今屬桃園縣龜山鄉）開墾，發現此地的黏土適合做陶，於是蓋窯燒製陶器，開啓了鶯歌製陶先河。

　　然而，因為漳、泉械鬥，吳鞍不得不放棄開墾的成果，遷居大湖崁腳一帶，後來又遷往尖山（今尖山埔路）。大約此時，吳鞍的族人吳岸、吳栗等人陸續渡海而來，加入製陶行列。

　　此時期製陶使用蛇窯，以薪材為燃料，用腳踢轆轤來製作手拉坯，生產中小型缸、甕、缽等器皿。在兔子坑使用兔子坑的土，移居尖山時，則使用尖山黑土，至於是否使用釉藥仍無直接證據。此外，吳鞍家族是專業製陶或農閒時的副業，也不得而知，因為人力較少的窯場常見數個月才燒一窯，也有一年之中只在春、秋兩季各燒一窯的情形。

　　鶯歌的陶器在尖山莊、尖山埔開始向外發展，漸漸遍佈整個鶯歌，並向鄰近地區擴展。慢慢地，鶯歌陶瓷建立起口碑，並以尖山燒或尖山為名，並有許多陶器直接落款「尖山埔」、「尖山燒」或「尖山」。

　　至於建築用磚瓦的生產，最早引進鶯歌的記錄可能是在道光年間，當時陳昆來到大湖崁腳燒製磚瓦，日治時期此地為林萬水所有。與臺灣其他陶瓷產地不同的是，鶯歌磚瓦的生產晚於一般生活器皿的生產，其次，此傳統磚瓦的生產在其他地區大都已經停產，大湖地區的磚瓦製造仍延續至今。

日治工業化後的鶯歌

鶯歌製陶從清朝一直到日治時期前期,大致上維持相近的型態,在日治後期才有直接或間接因素造成改變,尤其日治時期日本政府在臺灣實施工業化之後,引進臺灣的工具、原料與技術,間接影響鶯歌陶瓷業的體質。

日治時期日本政府對臺灣窯業政策的推動只及於南投、苗栗、北投等地,這些地區陶瓷的產量、品類及規模都優於鶯歌。雖說如此,日本對於鶯歌的建設仍不遺餘力,例如創立尖山公學校(今鶯歌國小)、連接桃園臺北間的縱貫鐵路以鶯歌為轉運站、擴大鶯歌與海山地區輕便鐵道的範圍並改鋪雙軌、發展對外公路等,皆為鶯歌日後成為臺灣陶瓷重鎮的重要基礎。

鶯歌陶瓷產業的改變,可從陶瓷經濟產業結構、戰爭影響與益成記三部分來說明。

燈窯模型圖。日治時期引進鶯歌的燈窯,早期燃柴,後來改用煤炭,主要燒製陶器或磚瓦。(吳明儀 提供;陶博館 攝影)

鶯歌信用組合成立十週年的茶具組紀念品,是以瓷土注漿接合成形。(陶博館 館藏)

陶瓷產業的經濟結構

日本政府治理臺灣之後,社會普遍進入另一個穩定狀態,人口日增,工商業也逐漸興盛,各種官方或人民組織相繼成立,以促進或控制工商業、農漁畜牧業等社群的發展,鶯歌的陶瓷產業也不例外。

日治時期臺灣總督府於1913年(日大正2年)公佈產業組合規則施行於臺灣,用來控制與輔導地方經濟、金融與產業。如「鶯歌

1.1930年（日昭和4年）尖山陶器生產販賣組合
的產品目錄，詳列所販賣的159種陶器及價
格。（方樑生 提供；陶博館 攝影）
2.1939年（日昭和14年）尖山便器統制組合的
組織章程與信封。（吳秋燕 提供）
3.日治時期以轆坏成形的黃花瓜稜花口花盆。
（陶博館 館藏）

石信用組合」隨後於1917年（日大正6年）成立，以促進資金融通、繁榮地方經濟為目標。隨著地名由鶯歌石改為鶯歌，信用組合地於1920年（日大正9年）改名為「鶯歌信用組合」，後來又增加營業項目，而改稱為「鶯歌信用購買販賣利用組合」，兼營共同購買、共同販賣、共同利用等事業，所共同販賣的貨物包括瓦、煉瓦（磚）、陶器等，促進了陶瓷產業的發展。

1921年（日大正10年）以鶯歌士紳陳斐然（1877~1942年）為首的「尖山陶器組合」成立，不但對鶯歌陶瓷的品質與定價把關，

也促進鶯歌陶瓷產品的行銷，對鶯歌陶瓷發展影響很大。後來，1938年（日昭和13年）中日戰爭擴大，日本政府在臺灣施行經濟統制，此時臺灣尚未公佈商業組合法，然而各界業者為共謀利益，按物資統制地區群起組織公會，以配合戰爭協定物價。與陶瓷相關的組織如「尖山便器同業組合」、「海山郡金物荒物陶器商組合」、「臺北州陶器荒物硝子商組合聯合會」、「臺北州陶器同業組合」等，如雨後春筍般地成立，對鶯歌陶瓷業發展有重大影響。

戰爭的影響

　　1931年日本侵華戰爭「九一八事變」爆發，日本為提高臺灣的工業能力，作為發動戰爭的補給站，讓臺灣成為日本向華南與南洋進展的根據地，於是在臺積極推動工業化運動，陶瓷產業工業化也在推動計劃之內。

　　雖然鶯歌陶瓷並不屬於日本工業化運動的對象，也無日資協助，但是鶯歌卻在軍需之下，開始生產鹽酸缸、黑碗、各式工業用缸及土管等，並間接引進新技術、新原料與新器械，此時也引進登窯，提高生產量，陶

瓷產業在此契機之下默默地走向工業化。

　　此外，由於1939年中日戰爭爆發，政局不穩，導致在鶯歌製陶的福州師傅紛紛回大陸，窯場人力短缺，鶯歌業者自立自強，加速機械設備的引進。當生產效率提高後，鶯歌陶瓷產業發生質的改變，窯業生產逐漸由傳統邁向現代化，產品種類涉足更廣，開始生產工業陶瓷，如電氣礙子、開關、礙管，以及碗、盤、缽等生活器皿。

1. 酸鹼甕。日治時期工業化後，各種工業化生產對酸鹼化學原料的大量需求，帶動酸鹼甕的生產。（和成欣業股份有限公司 提供：陶博館 攝影）
2. 分解缸。工業生產使用的物料分解用容器，設有側管。（和成欣業股份有限公司 提供：陶博館 攝影）
3. 日治後期黃色林間野鹿火爐，落款「鶯歌協和」。（陶博館館藏）
4. 陶管。日治時期為了因應戰事或基礎建設，需要大量的陶管以供排水使用。（和成欣業股份有限公司 提供：陶博館 攝影）
5. 窯場外羅列的正是各種工業用的甕罐等，它們可說是日治後期的主力產品。

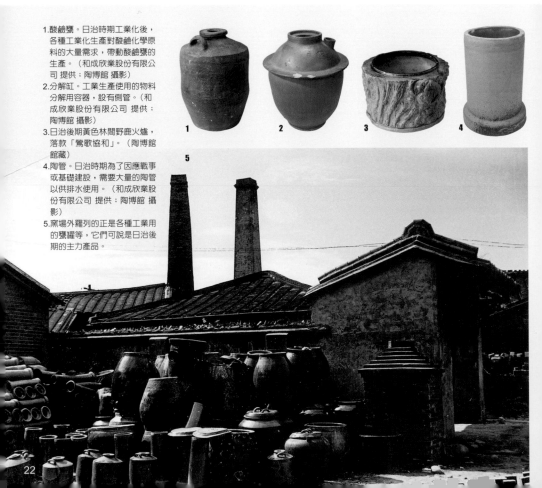

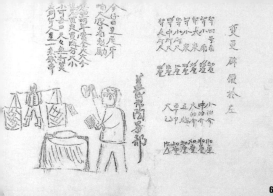

6.日治時期益成記製陶工廠的產品價目表。右邊標明產品價目，左上是勉勵詩句，左下有挑藍賣陶瓷與缸甕製造插圖。（陶博館 館藏）

7.文化路上的益成記古宅，已於2003年10月拆除。

8.缸。日治時期益成記引進福州師父，以手擠坯成形所製作的缸。（席本諾股份有限公司 提供：陶博館 攝影）

9.竹節陶瓷欄柱。日治時期製作，以壓模貼花成形。益成記宅二樓頂的女兒牆就是使用這種竹節陶瓷欄柱。（陶博館 館藏）

● 益成記

匯集眾人的力量，使鶯歌原本分散的傳統小窯場，以合作方式展開企業化經營的推手是「益成記」，其中主要的靈魂人物是創辦人陳斐然。

身為鶯歌望族的陳斐然，1920年受推舉接任「鶯歌信用組合」組合長，協助整合同業間的小廠或小單位，共同販售具地方特色的物產，如磚瓦、陶器、茶葉等。藉由組合，陳斐然的影響力深入窯業的生產與銷售，1921年他和當地製陶業者成立「尖山陶器生產販賣組合」，進一步以陶器為主要營業項目。由於成效卓著，吸引更多人加入製陶行列，陳斐然也於1924年成立「益成記陶器製造所」，生產水缸、陶管、花缽等日用陶器。

陳斐然以經營者的角度，推動鶯歌陶瓷產業的發展。他先引進新技術、新機器及各式原料，並延聘福州師傅以手擠坯方式製作大型陶器，並開發新式產品，為鶯歌製陶注入新活力，使得「益成記」漸漸成為鶯歌首屈一指的窯場。同時，他也經營陶瓷販賣業，除出售自家產品，也經銷鶯歌大部分的陶瓷，及進口陶瓷原料轉售業者。彼時「益

8　　　　9

成記」門口的輕便軌道，整日運送鶯歌沿線的茶葉、木材、煤炭和陶器，來來往往好不熱鬧。而軌道的經營者，正是陳斐然家族投資的「成福輕便軌道公司」，而負責鐵路運輸的「義方運送部」，同樣屬於陳家產業。

就這樣，「益成記」掌控了整個鶯歌陶瓷上下游產業，支配當地陶瓷的產銷秩序。所有鶯歌窯場所燒的陶瓷，都先集中到「益成記」，再銷售到全臺各地。後來，陳斐然將事業傳給兒子陳義方，在地方上持續扮演領導的角色，陳家長期執鶯歌窯業牛耳，對鶯歌陶業整體的提升，有不可磨滅的貢獻。

煙囪林立的年代

1.1970年代鶯歌街上曬坯的場景，與遠方吐煙的煙囪，訴說鶯歌忙碌的製陶生活。（簡榮泰 提供）
2.1970年代鶯歌街上一隅。製陶師父的休息片刻，低頭雕琢石膏原型，蹲在一旁的小孩專注凝看著。（簡榮泰 提供）
3.1960-70年代鶯歌鎮上林立的四角窯。（簡榮泰 提供）

清朝時期，臺灣的碗盤多是由中國大陸輸入，連橫在《臺灣通史》〈工藝志—陶製〉中即提到：「臺灣陶製之工，尚未大興，盤盂杯碗之屬，多來自漳泉，其佳者則由景德鎮。」雖然此話對陶瓷器來源地的說明並非精確，但清朝時期臺灣的日用陶瓷，尤其碗盤之類多透過船運購自外地，日治時期則多由日本輸入。

隨著日本在二次大戰中戰敗，臺灣回歸中國統治，日製陶瓷品輸入臺灣必須課以關稅，因而不敵廉價的中國陶瓷，但接著大陸變色、兩岸交通阻隔，碗盤等陶瓷品嚴重缺貨，此時成為臺灣生產陶瓷碗盤的契機。鶯歌在1951年一年之中，窯廠從20幾家倍增為40幾家，新增的窯廠幾乎都是燒製碗盤。碗盤的製造，讓鶯歌的陶瓷業壯大，並進而發展出日後的陶瓷王國。

由於倒焰式四角窯與煤炭的使用，讓燒成時間縮短且燒成率增高，因此鶯歌窯場多半使用四角窯來燒製成品。由於市場需求大，在鶯歌形成四角窯煙囪林立、煤炭黑煙籠罩天際的特殊景象。而鄰近地區煤礦的運輸，也借助四條輕便鐵路之便，在鶯歌火車站集中或轉運，使得鶯歌火車站的貨運量居全省第二，也讓鶯歌陶瓷業燃煤的取得更加方便與價格低廉，提升鶯歌陶瓷的競爭力。

鶯歌早期碗盤的製造，多以人力拉坯成形，形式則以仿自中國大陸或日本碗盤為主，後來多使用鏇坯機成形，裝飾也從鏇坯壓印與人工彩繪轉變成印花與貼花，後來更發展出閃光釉電花及自動化生產線。直到1960年代末期，北投大同磁器公司引進日本技術並成功開發全瓷餐具後，因其生產速度快、白瓷品質好、產量又大，加上塑膠器皿開始流行起來，碗盤市場飽和，多數製造碗盤的窯場轉型生產市場更大的建築陶瓷、電器陶瓷等，鶯歌窯業自此進入更多元化的生產榮景。

4.1950-60年代鶯歌生產的彩繪碗。盤上的彩繪都由彩繪女工一筆一畫彩繪完成。

5.1950-60年代鶯歌生產的彩繪餐盤。碗和圓盤都以旋坯完成，不同於壓模或注漿成形法，可以增加土坯的緊實度和生產速度。

6.1950-60年代鶯歌生產的橢圓盤。橢圓盤俗稱腰子盤，深淺不一，以壓模或注漿成形。（席本諾股份有限公司 提供：陶博館 攝影）

7.四角窯模型。四角窯是光復後鶯歌燒製碗盤的最重要窯爐，主要使用煤炭為燃料，其巨大的煙囪成為鶯歌當年最大的景觀特色。（吳明儀 提供：陶博館 攝影）

8.1960-70年代鶯歌鎮上街道巷弄間的四角窯。（簡榮泰 提供）

9.1950年代運煤的火車，後方山上為鶯歌石。（翁庭華 攝影）

鶯歌早期碗盤的製造過程

1

土的來源：

早期使用的大湳土和永昌土，由尖山埔路的牛車間專門運送。後期土坯的比例約為北投土40%、大湳土60%。由貨車運到工廠廣場的練土池內，以牛隻練土。

2

成形：

利用壓鏇成形的方式，以固定在轉檯上的石膏模與切刀配合完成。先以手指將少量的土壓入圈足，再放入適量的土，轉動石膏模，操作刀模鏇坯成形，成形後去除口緣餘土。

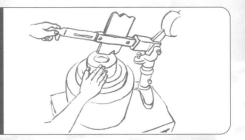

3

陰乾：

將壓製成形的碗連同石膏模一起放在室外架上晾乾。

4

脫模：

將半乾的坯體自石膏模取出，拿進室內以修坯刀修飾口緣。

5

彩繪：

將坯體置於轉檯上，以繪筆劃滿口緣，再畫上花卉等圖案。

6

上釉：
將畫好的坯體以浸釉方式上透明釉。

7

裝窯：
上過透明釉的坯體裝進匣缽，以防止窯爐內的落灰落在坯體上，再將匣缽層層堆疊排進窯內，將空間利用到極限。

8

燒窯：
裝窯完成封窯後，以煤炭為燃料在四角窯內燒製一天一夜。

9

出窯分級：
窯內溫度降低後開窯，將碗盤自匣缽中取出並依瑕疵與否進行分級。

10

打包販賣：
以十個為一落，綁成一綑，便於運送販賣。

鼓勵外銷的年代

光復初期，在撙節支出、爭取外匯的政策下，臺灣手工業推廣中心（今國立臺灣工藝研究所）將陶瓷產品推廣行銷到全世界，為國家賺取外匯。但因為利潤低且風險高，業者反而著重於內銷市場，直到1965年，陶瓷進出口第一次出現順差。

1962年臺灣陶瓷參加在美國西雅圖舉行的萬國博覽會，打開鶯歌陶瓷的外銷之路，政府在1967年起開始重視陶瓷出口。

1968年，經合會中小企業處開始對陶瓷業採取重點輔導，成立陶瓷工業改進工作小組，並補助聯合工業研究所成立陶瓷室，提供陶瓷技術及原料改進的試驗服務，透過講習及訓練，提升業者的技術層次。而對於業者的外銷，還有融資貸款及外銷退稅鼓勵措施，使得陶瓷業在此時的出口貿易進入高度成長期。

外銷陶瓷的種類繁多，舉凡建築陶瓷、衛生陶瓷、藝術陶瓷、白雲子、半瓷、礑子

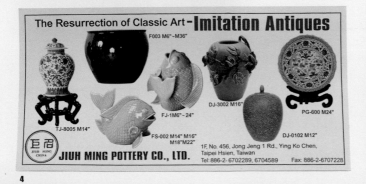

臺灣窯業　創刊號
TAIWAN CERAMICS
陶瓷 玻璃 水泥 搪瓷 耐火材料
中華民國五十九年五月

臺灣窯業雜誌社出版

6

7

等都包含在內，「三色子」餐具和花瓶白坯也是出口大宗。

「三色子」餐具就是下半部米黃色、上半部咖啡色，中間兩色相疊的日用餐具，鶯歌曾經大量接獲訂單銷往歐美。這類餐具完全是外國式樣、外國紋飾，也完全是為了外銷而製作，當年鶯歌製作日用陶瓷的廠家幾乎都有製作「三色子」的經驗，為臺灣賺取大量的外匯。光是湯鍋湯杯組就讓小窯場賺進一棟透天厝，可見其利潤之高。

在大陸市場開放之前，香港彩繪窯廠所需求的仿古花瓶白坯大多從臺灣製造，香港師父彩繪裝飾後再大量外銷歐美。當時花瓶白坯需求大，鶯歌有多家窯廠全力投入花瓶白坯代工的生產，因鑑彩繪市場更大，1970年代以後業者改投入彩繪花瓶的行業，大量裝櫃外銷的榮景，曾為鶯歌窯業者帶來忙碌但富裕的生活。因為製作花瓶需要很多擠坯或拉坯成形師傅，鶯歌窯場多從中北部與中部地區延聘，使得臺灣其他陶瓷產地嚴重缺乏人力。

8

9

1.1970年代蔣經國參訪市拿陶瓷公司。

2.瓦斯梭子窯。更省時省力的瓦斯梭子窯出現後，取代四角窯成為鶯歌陶瓷產業的主力窯爐。通常使用兩座加了輪子的檯座，利用地上的軌道交替進出窯爐，不但省力，更可利用前一窯的餘溫烘乾坯體，加速燒窯作業。（劉振祥 攝影）

3.電窯。更加小巧輕便，能精準控制溫度，一般用於測試土性、釉色，或碗盤與花瓶二次進窯燒製釉上彩等。由於操作簡單且燒成率高，個人工作室或陶藝教室普遍使用電窯。（劉振祥 攝影）

4.外銷宣傳單。1970-80年代為外銷彩繪藝術陶瓷產品所印製的宣傳單（巨名陶瓷公司 提供；陶博館 攝影）

5.臺灣窯業雜誌。該雜誌原稱為「中國窯業」月刊，由林根成於1968年3月創刊，1970年改名為「臺灣窯業」，於1985年停刊。一期發行2000份，發行13個國家地區，是當時陶瓷業界專業知識的交流平台。（林根成 提供；陶博館 攝影）

6.三色子日用陶器。1970年代鶯歌餐具窯廠幾乎都曾替歐美等地公司，代工生產三色子餐具，當年外銷利潤高，此單一產品就讓小廠賺進一棟房子。（黃世昌 提供；陶博館 攝影）

7.1972年鶯歌窯廠工作情形。由於彩繪花瓶比白坯花瓶的利潤更高，不少窯廠開始從事彩繪大花瓶的外銷生產。

8.1960-70年代鶯歌生產的花瓶白坯。鶯歌曾大量生產上透明釉的花瓶白坯，外銷給香港彩繪工廠使用。（新興陶瓷 提供；陶博館 攝影）

9.1970-80年代鶯歌彩繪大花瓶比人還高出許多，是高困難度的工作，包括拉坯接合的技術、複雜的圖騰設計、細膩描繪功夫、以及大型窯爐設計與窯燒技術等，每一個環節都很重要。彩繪花瓶的外銷曾為鶯歌帶來富饒收入。（余淑麗 提供）

多采多姿的鶯歌

　　光復後鶯歌陶瓷以其善於應變的特質，形成六大類陶瓷同時發展於一地的特有現象，是臺灣唯一，也是世界罕見。六大類陶瓷包括日用陶瓷、建築陶瓷、衛生陶瓷、工業陶瓷、藝術陶瓷、工作室陶瓷，以下將簡述各類陶瓷的發展與特色。

● 日用陶瓷

　　日用陶瓷是鶯歌最早出現的產品，直到今日仍不斷生產，舉凡餐桌、廚房等居家使用的器皿、用具都包括在內，例如茶杯、茶壺、茶盤、茶盅、茶葉罐等茶具，碗、盤、湯匙等餐具，鍋、甕、罐、缸等容器或烹煮器，酒杯、酒壺與酒瓶等酒器，以及其他生活上使用的器皿容器等。

　　鶯歌在清朝時期以產製水缸、陶甕等日用粗陶器為主，約在日治後期開始生產碗盤。碗盤曾經是鶯歌窯業的大宗產品，尤以1950-60年代為榮景，全盛時期大小窯場曾多達百家，先內銷自用，爾後代工生產國外式樣的「三色子」餐具、馬克杯等。1970年代以後，因替代材質日益增多，又不敵北投大同餐具的自動化量產規模，餐具生產停滯。直到1990年代前後，全國磁器公司購進自動化設備生產量產餐具，爾後有安達窯的青瓷餐具、臺華窯的特色餐具等，讓鶯歌餐具重新展露曙光。

　　鶯歌生產的茶具，在日治時期就有龍罐和茶壺、杯，後來因飲茶文化受到提倡，開始有較大量仿中國宜興茶壺的生產，剛開始只是仿製標準形式、素面的宜興茶壺，漸漸地在器形和紋飾上有了變化，現在則強調

創新材料、功能與造形的茶具組，並研究製作出適合臺灣茶特性的茶具組。

● 建築陶瓷

鶯歌早在清代道光年間就開始生產磚、瓦、地磚，在日治時期增加了日式文化瓦的生產，而琉璃瓦因應宮殿與廟宇建築的興建而生產至今。

1970年代起磁磚廠開始匯集於鶯歌，成為臺灣建築陶瓷的主要供應地，其生產的規模與投資額都遠超過生產日用陶瓷的窯場。為因應臺灣剛起步的建築業，他們採用全自動電腦窯爐，一貫化生產作業線及企業化經營方式，先著力於內銷，爾後外銷，但景氣常隨著建築業而波動。國內很多知名的磁磚公司位於或出身於鶯歌，在建築業起飛時，產銷總額曾排名世界第三，由此可知磁磚業在鶯歌陶瓷產業上扮演著相當重要的角色。

建築磁磚隨潮流不斷演變，從紅缸磚、最常用於建築外牆與浴缸的馬賽克、用於廚房浴室的三吋六白色磁磚，到各種尺寸越來越大的地板、內外牆用磁磚，以及外牆二丁掛等，甚至發展出超大尺寸的世大薄磁磚，以及各種質地、紋飾、多媒材裝飾的磁磚等，這些磁磚一直扮演著美化建築空間的角色。

7

8

1. 玉玲瓏茶具組，2004年，陳介民製作。（陳介民 提供；陶博館 攝影）
2. 手拉坯滿天星壺，1986年，曾財萬（阿萬師）製作。（曾財萬 提供；陶博館 攝影）
3. 臺灣早期碗盤上通常繪有吉祥圖案與文字，使用功能之外帶有祈福之意。
4. 1960年代以後，此種形制的碗常用於盛裝如肉圓等臺灣小吃。
5. 薰香器。早期薰香爐點蠟燭，後來改用香精油，薰香陶瓷器也跟著發展出各種不同功能與造形。（黃世昌 提供；陶博館 攝影）
6. 全國瓷器公司開發的成套瓷器餐具。（陶博館 館藏）
7. 顏色繽紛的馬賽克磁磚。（良興陶瓷 提供；陶博館 攝影）
8. 因應國內外市場需求，磁磚是繼餐具之後，鶯歌窯廠產品的最大宗。
9. 大大小小的蓋罐，應用於各種用途，可裝置茶業、藥物、醃製食物。（席本諾股份有限公司／新興陶瓷 提供；陶博館 館藏）
10. 文化瓦，1940-1957年。日治時期隨著日式黑瓦建築的引進，廠商建築專屬特殊的狗頭窯來燒製文化瓦，爾後也隨著日治結束而沒落。（中國砂輪 捐贈；陶博館 館藏）

9

10

● 衛生陶瓷

　　鶯歌早年的衛生陶瓷種類單純，常見的只有夜壺、痰盂、洗臉盆等數種。日治時期開始生產蹲式便器，1939年「尖山便器同業組合」成立，推動衛生陶瓷的生產與行銷。光復後抽水馬桶被開發成功，廣泛運用於生活，自此鶯歌衛生陶瓷蓬勃發展。

　　鶯歌業者不斷從國外引進新式窯爐和自動化生產設備，以及製作技術和產品式樣，使得產品足以和國外產品媲美。不但種類繁多，包括馬桶、小便斗、洗手台、浴缸、拖布盆、下身盆、香皂台、牙醫用漱口盆、毛巾架、衛生設備零附件，甚至陶瓷鏡框等；造形紋飾更是各異其趣，從單純滿足生活功能的產品，到今天講究視覺效果、藝術設計，業者不斷地創新與研發，將普及品推展至精緻品的生產，是繼建築陶瓷之後產業另一重要品項。

1. 小便斗。（陶博館 館藏）
2. 彩繪馬桶。（和成欣業公司 提供；陶博館 攝影）
3. 1955年和成公司 早期成功掌握模具製作與泥漿比例上的技術，開發出第一代座式馬桶。（和成欣業公司 提供）
4. 和成公司老闆邱和成帶領技術人員巡視窯廠。（和成欣業公司 提供）
5. 陶博館常設展一隅。

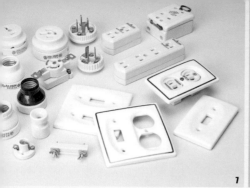

7

8

9

11

10

7. 電器瓷。利用陶瓷的絕緣特性來製造
電器相關用品,包括絕緣管、各式插
座、開關、燈泡座、插座面板等。
8. 線導。以陶瓷耐磨的特性,製作成各
式抽線抽絲用的線導,最常應用於紡
織業。(陶博館 館藏)
9. 鑽石、CBN砂輪。以鑽石、CBN(聚
晶氮化硼)、瓷土調配燒製,用來研磨
汽機車凸輪。(嘉寶自然公司 提供;
陶博館 攝影)
10. 磨豆漿用砂輪,1963年製。五種磨
豆漿機用的砂輪,分別利用材質特性
與成形技術來製造不同的表面紋路。
11. 側開口形坩堝。為熔融玻璃用的窯
爐,常用於炊玻璃等,有多種尺寸。

工業陶瓷

　　鶯歌從日治時期就已經開始生產工業陶
瓷,從耐火磚、鹽酸缸、燈座與陶管,一路
發展出電器絕緣瓷、耐火材料、傳統工業陶
瓷、精密陶瓷等。精密陶瓷又分為結構陶
瓷、光學陶瓷、電子陶瓷、生醫陶瓷等,陶
瓷在此化為各類科技產品的零件,悄悄地深
入我們生活的每一個角落。

　　其中,砂輪是工業陶瓷之一,也是各種
工業的基礎工具,鶯歌擁有臺灣歷史最久、
規模最大的砂輪製造廠,不僅行銷全世界,
相關產品更是默默深入各階層與各種場合。
從砂輪機上的砂輪、地板打磨的砂輪條、藝
品雕刻用帶柄砂輪、磨刀石、指甲剪上的銼
刀、樓梯上的止滑條,甚至金魚缸裡的彩石

都是使用砂輪所製造的產品。

　　窯具是耐火材料中的大宗,陶瓷窯爐壁
體的耐火磚、斷熱磚、異形磚,裝窯用的棚
板、支柱、匣缽,陶瓷釉藥熔塊用的坩鍋,
還有為化工與電子業設計的特殊耐火窯具
等。而各式坩堝也是屬於耐火材料,用於玻
璃業的窯爐有罐形、側開口形、砲管形等,
而金屬加工業也需要各式各樣深淺與大小的
坩堝。

　　電器瓷是利用陶瓷的絕緣特性,來製造
電器相關用品,從日治時期就有人力高壓打
製的絕緣管,後來也生產各式插座、開關、
燈泡座、插座面板等產品。

藝術陶瓷

　　早在1950-60年代，在藝術陶瓷這個名稱還沒有普遍之前，鶯歌已經開始生產以繪畫、雕刻裝飾的花瓶，以及動物玩偶、佛像人物等，後期還有花瓶白坯外銷香港。鶯歌業者因見香港彩繪花瓶市場廣大，1972年由新成立的市拿陶瓷公司引進彩繪技術，開啟鶯歌窯場仿製中國官窯產品外銷香港、歐美，後有仿日本古伊萬里、薩摩燒等代工外銷，此藝術陶瓷的生產在1970-80年代為臺灣賺取不少外匯。

　　鶯歌藝術陶瓷的裝飾技術，從傳統的青花、釉下彩、釉上彩、鬥彩、粉彩、廣彩、法花、各式金彩、剔花、剔釉，發展出釉彩加漆、結晶釉上彩、浮彩等，各有巧思與創意。裝飾風格也從模仿中國官窯、日本傳統風格，到今日創新傳統、新主題創造等，十分精采。

　　1990年代以後，各窯場邀請藝術家在器皿表面作畫的彩繪陶瓷創作，則將窯廠開發的各種釉藥色彩與表現形式，作更多元的創新，不但能媲美甚至超越水墨、油畫的質感表現，更能延伸藝術家個人的創作表現，是另一種創新的陶瓷品類。

1.佛像人物，李清標製作。作者專攻神佛人物雕塑，多以有色陶土加彩的方式完成。
2.黃地鸚鵡六角瓶，1971年製。在還不流行製作藝術陶瓷花瓶之前，鶯歌窯廠所製作的基本花瓶造形。
3.陳伯安 《廟會》 2000 作者將農村生活與廟會景象栩栩如生地用釉彩表現出來，更添渾圓厚實之感。（陶博館 館藏）
4.紅地唐草描細頸瓶，1997年製。（陶博館 館藏）

5

6

7

5.翁國珍 《龜裂》 1990 作者以泥土乾溼度差異所造成的龜裂效果，來表現大地泥土的意象。（陶博館 館藏）
6.李邱吉 《紋》陶餐具組 2004
7.卓銘順《茶具系列之火炭母草》 2004 作者將壺、杯和茶盤等茶具配件，加以排列組合，不僅方便使用者收藏，也營造出獨特的風格。（陶博館 館藏）

工作室陶瓷

　　1980年代臺灣開始流行個人陶瓷工作室，由陶瓷工作者完成所有製作程序，有人表現個人的藝術思維與風格，有人則以製作具個人特色的實用陶瓷產品為主。由於鶯歌是各類窯業集散地，自然成為這些新興工作者造訪之處，或是選購材料設備，或是探問技術秘巧；此外，自1980年代後期鶯歌經歷產業外移、整體產值下滑，多數窯廠與技術人員紛紛尋求新出路。於是在1990年中期以後，鶯歌地區逐漸興起成立個人工作室，以創造個人獨特性來立足市場，2000年代以後個人陶瓷作品受到更多的重視，其發展指日可待。

　　整體而言，鶯歌工作室陶瓷所表現的裝飾技巧是獨樹一格的，挾其多元精湛的彩繪技巧與釉彩變化，融入現代繪畫或現代裝飾之風格與特色，令人耳目一新；而其造形美學，因其白坯代工時代所承傳的拉坯技巧，不容置疑地，鶯歌有最美、最精湛的圓瓶形制，同時受到日本、美國現代陶藝發展的影響，以陶土為媒材加上深厚的寫實雕塑能力，一樣呈現鶯歌人樸拙而厚實的創造力。近年來，鶯歌工作者屢屢在國內外競賽上獲得肯定，相信工作室陶瓷的發展在鶯歌已呈現新的潛力與活力。

鶯歌文化景觀漫遊

路線1：先人遺跡懷思古
路線2：山林步道踏古蹟
路線3：文化老街懷舊行
路線4：陶瓷老街踩新妝

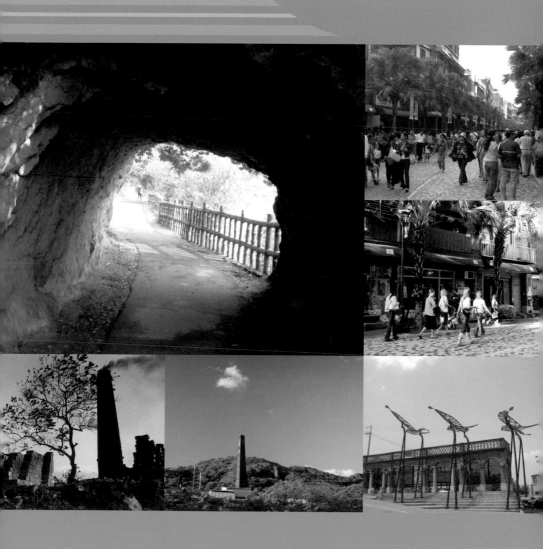

先人遺跡懷思古

二甲九碼頭已沒入水中，大漢溪已難見昔日船帆往來的風光。

二甲九碼頭（遺跡已沒）

　　1685年（清康熙24年）泉州人陳瑜墾殖鶯歌臨近大漢溪的南靖、二甲一帶，其中二甲地區因僅開得二甲九分地而得名，後又在河運帶動下，過盡千帆成為鶯歌開發最早的地點。

　　早在清初就墾殖的二甲九地區，乾隆年間即設有碼頭擺渡，上可連接到大嵙崁（今大溪），下可達板橋、艋舺、大稻埕，加上日人在此興建糖廍，每天往返的船隻近百艘，「蔗廍」也成二甲九碼頭別稱。

　　日本據臺後開闢鐵路、興建桃園大圳，為大漢溪河運史畫上休止符。1916年（日大正5年）總督府斥資興建桃園大圳，1928年（日昭和3年）工程完工後，大漢溪水量大量減少不利航行，加上鐵路興建雙重影響，二甲九碼頭失去功用，如今更隨著鳶山堰的興建，沒入水中走入歷史。

鳶山堰風光秀麗。（陳俊雄 攝影）

鳶山堰

　　1983年啓用的鳶山堰主要是為了攔引石門水庫放流水，提供板新水廠處理利用，由於長年受到石門水庫放流水沖刷，目前鳶山堰集水量，竟較當初設計130萬立方公尺容量還要高出三倍以上。

　　清代三峽、鶯歌間交通往來仰賴擺渡，位置就在鳶山堰所在的二甲、鳶山碼頭一帶，日治後規劃興築桃園大圳，為大漢溪河運吹起熄燈號。但二甲、鳶山之間河運交通，仍延續到三鶯大橋興建後，在1964年畫上句點。1972年省自來水公司為便利板新水廠取水，於舊碼頭處興建鳶山堰，把石門水庫放流水攔引至水廠。鳶山堰落成啓用後，舊碼頭隨之沒入溪底，這條將近250公尺的長龍也繼二甲九、鳶山碼頭後，再度把三峽與鶯歌兩岸連接起來，並為北、桃百餘萬人提供民生、灌溉用水。

從鳶山堰望去視野無限遼闊。（陳俊雄 攝影）

尖山堆

　　鶯歌是個充滿傳說的古老城鎮，除鶯歌石傳奇讓人津津樂道，相傳由鄭成功眾士卒拍打鞋底泥土堆積而成的尖山堆，更是饒富趣味。

　　相傳尖山堆原為一塊平地，鄭軍行經此地被瘴氣所阻，士卒們就地休憩並拍打草鞋塵灰，遺留下來的泥土竟然積沙成塔，成為日後的「尖山堆」。

　　除了鄭成功的故事流傳至今，清初漳泉械鬥也曾在此激戰，日軍乙未征臺的二甲九之役，義軍也曾在尖山堆集結大敗日軍，戰後義軍屍體埋葬於此，尖山堆變成了亂葬崗。

　　尖山堆高度雖僅129.9公尺，但它卻是相當特殊的孤立火山岩體，所產的「尖山黑土」和附近「永昌赤土」與鶯歌窯業發展息息相關。部分民間堪輿風水術士則言之鑿鑿說：「尖山堆為白馬出現的風水寶地」，更為尖山堆添上幾許神秘色彩。

上／在都市叢林中孤立隆起的「尖山堆」。（華成攝影公司 攝影）

下／陶博館導覽員向小朋友解說從窗外看出去的尖山堆景觀。

土牛溝（遺跡已沒）

明清大陸移民來臺，全臺各地均有「番界」、「隘勇線」阻隔漢人與原住民往來，從桃園大溪、八德延伸至鶯歌的「土牛溝」則是另一種「番界」表現型態。

臺灣原住民中，泰雅等族均有馘首祭祀習俗，明清時期為避免漢、「番」生事，往往以石碑設立「番界」嚴禁漢人越界，乾隆年間設置的「土牛溝」，也成為現今鶯歌最早的人文遺跡。

「土牛溝」係由當時住民挖土為溝、積石為壘，讓軍士有歇腳的隘寮。諷刺的是，原本阻隔漢「番」的土牛溝，卻在清乾隆、嘉慶年間漳泉械鬥成為雙方人馬攻防之地。

日治時期日人推動「理番」政策，第五任總督佐久間左馬太以優勢武力掃蕩山地，讓原本緊張的漢「番」關係逐漸融合，今日早不復見當年對立情況。

橫亙鶯歌、八德、大溪間這條長逾15公里的土牛溝，由於年代久遠，僅在八德見到部份溝道，鶯歌則只剩下少許土壘，以及尖山里「土牛溝」舊地名可資憑弔。

移民足跡—阿南坑、阿四坑與南靖厝

鶯歌地區有許多地名和早期移民息息相關，也顯示居民慎終追遠的孝思。

根據文獻記載，鶯歌最早開發為1684年（清康熙23年），由福建漳州分衍至漳州及廣東的客家人呂阿南、呂阿四兄弟，呂姓族人在今日建德里開闢「阿南坑」、「阿四坑」，其後從廣東、福建來此開墾的宗親也源源不斷。

乾隆年間漳泉械鬥，部分呂姓族人退居桃園縣八德市一帶，桃園呂家大多由此而來，及至今日，呂姓除為全臺排名第廿九的大姓外，在北縣定居的呂姓族人，也是全臺最多者。

除了「阿南坑」、「阿四坑」記載呂姓先民渡過黑水溝胼手胝足的辛勞，緊鄰大漢溪的「南靖厝」，則是另一個早期移民形成的聚落。

1685年（清康熙24年）泉州人陳瑜率領墾民，由臺灣南部北上到了鶯歌附近，由於當時大漢溪下游土地已為呂姓族人所佔，這批大部分來自於漳州南靖縣人的墾民，即將開墾之地稱為「南靖厝」，其後墾地日廣，南靖地區的渡船頭、河運交通便捷，也成鶯歌發展嚆矢。

上／阿南坑記錄呂姓先民來臺開墾的一頁。（孫國棋 攝影）

下／南靖厝是鶯歌早期的移民聚落，今日已多是現代建築。（孫國棋 攝影）

尖山黃厝

清代漳泉械鬥在三鶯地區留下許多歷史遺跡，其中保留最完整的古宅首推尖山黃厝，而二戰期間傳言當地被日軍徵用作為神風特攻隊飛行員宿舍，更添幾許神秘色彩。

尖山黃厝可說是防禦性民宅的代表作，原本三合院二龍二進的尖山黃厝，除了內部通道縱橫交錯、出口眾多之外，正廳還設有「窺孔」，讓住民可由內向外一探究竟。

原籍福建泉州安溪參內鄉的黃姓族人，在清康熙年間來臺，尖山黃厝則為黃家第八代黃根盛所建，屬閩南式建築，幾經擴建才得今日規模，而內部規劃飲水、排水暗管及防禦工事，儼然是個可自給自足的小城堡。

黃姓族人在福建安溪以詩書傳家，來臺後迄今雖稟承祖業在老宅製作豆皮，但對教育事業仍相當重視，鶯歌首任民選鎮長許吉的父親許豬，即受教於四房黃明德的塾學。

如今黃家後代依舊在黃宅裡燒煮豆皮，但部分建物因族人遷出而略顯凋零。

步雲居

步雲居雖有平步青雲之意，但打造步雲居的游朝宗，卻是以養子身分赤手空拳打出一片天，兒孫也都出任要職，目前步雲居仍由游家子孫使用，維護情況良好。

擘建步雲居的游朝宗，本是中和游家螟蛉子，清末來到鶯歌發展並因經營茶葉致富，日治後除擔任大湖首任保正，並在鶯桃路688巷內興建步雲居。

以傳統閩南式三合院建築為主的步雲居，坐西向東面向大漢溪，頗有背山會水味道。正廳屋脊橫帶有雕飾，門楣內凹三環刻上「步雲居」三字，建築裝飾華美。

游朝宗除擔任保正，同時也是鶯歌最大神明會團體——「三界公祭祀公業管理委員會」主委；游朝宗長子游

尖山黃厝宅第。（孫國棋 攝影）

游家步雲居宅第。（孫國棋 攝影）

步雲居正廳門面。（孫國棋 攝影）

步雲居的右護龍（右廂房）。（孫國棋 攝影）

成金曾擔任日治時期的庄協議員及戰後的鶯歌鎮副鎮長，並在大湖地區創設「漢文書房」，除是今日中湖國小前身，也是大湖地區辦學的先聲；曾孫游銘波則當了25年鶯歌農會總幹事，紀錄迄今無人能敵。

　　個性紮實努力的游朝宗，創建步雲居，子孫賡續努力迄今勢力未衰，證明平步青雲仍需勤奮務實。

「番仔柯」是傳統三合院古厝，鶯歌望族陳家古厝的別稱。（孫國棋 攝影）

番仔柯

　　除了步雲居游家外，「番仔柯」陳家也是鶯歌地區的顯赫望族，縱橫北縣政壇，惟「番仔柯」卻日益荒廢而略有毀壞，相當可惜。

　　「番仔柯」為尖山陳家古宅的別稱，陳家原籍泉州安溪，在清雍正年間來臺，光緒年間陳廷紅帶著陳宗枝、陳阿生及陳清波三個兒子，自北市圓山一帶遷至鶯歌，並在尖山興建「番仔柯」。

近年來「番仔柯」雜草叢生已略有毀壞。（孫國棋 攝影）

　　位於尖山里八德路的「番仔柯」，興建古厝時據說經過高人指點，使得陳家三房人才輩出。

　　長房陳宗枝的孫子陳紹裘為戰後鶯歌首任官派鎮長，長女陳愛恭嫁給地方名人林丕顯，三女陳良品為前陶瓷公會理事長許清順之妻。

　　三房的陳清波，曾長期擔任「鶯歌信用組合」組合長。

「番仔柯」的窗櫺別有一番意趣。（孫國棋 攝影）

　　二房的陳阿生曾於明治年間擔任區長，三子陳斐然曾開私塾，並擔任多屆庄協議員，也是鶯歌赫赫有名的「益成記」老闆；陳斐然之子陳義方在戰後曾擔任多屆北縣參議會參議員，並迎娶前輩畫家李梅樹的大姐李螺為妻；陳義方之孫陳宏名，曾擔任北縣第七、八屆議員。

　　陳家在地方顯赫，惟近年來「番仔柯」卻雜草叢生日益毀壞，十分可惜。

「番仔柯」的正廳門面。（孫國棋 攝影）

對大墓公禮遇有加，可說是鶯歌人善待枯骨的寫照。（華成攝影公司 攝影）

左／立碑記述設立大墓公的歷史。
右／陪祀土地公。（華成攝影公司 攝影）

福興宮是鶯歌鎮上最古老的土地公廟之一。
（陳俊雄 攝影）

大墓公

　　全臺多數大墓公都源自漳泉械鬥，但鶯歌中正二路上的大墓公，卻肇因於臺灣首起重大火車事故而別具歷史意義。

　　1887年（清光緒13年）臺灣巡撫劉銘傳規劃縱貫鐵路，原路線從新莊通往桃園，但日治後總督府有鑑龜山九折彎道坡度過大，更動路線改自板橋、樹林、鶯歌轉往桃園。

　　由於鶯歌從盆地升至台地路段坡度亦不小，1919年（日大正8年）6月21日（農曆5月13日），一部南下桃園火車因逸溜衝回車站，釀成13人死亡、百餘人受傷慘劇，這也是臺灣鐵路史上首起死傷慘重的重大車禍。

　　事後臺灣總督府鐵道部局部更動路線，將中山路鐵道「截直取彎」減緩坡度而成今日路線，至於鐵路沿線墳墓則改葬大墓公合祀，並勒石紀念這段歷史。

　　鶯歌共有四座大墓公，除了中正二路同慶大墓公外，尚有鳳鳴、二橋與尖山等三個大墓公。對大墓公禮遇有加，可說是鶯歌人善待枯骨的寫照。

福興宮

　　興建於1929年（日昭和4年）的福興宮，緊鄰和成公司最早發跡的和成一廠旁，儘管年代稍晚於文化路的福德宮，但仍被地方尊為鶯歌最古老的土地公廟之一。

　　位於中正二路的福興宮香火鼎盛，每天都有不少信徒前往祭拜祈福，而寺廟本身閩南式建築的馬背平脊，以及屋脊留下不少剪黏花樣，讓福興宮更顯古樸可愛。

　　福興宮內除有一般土地公廟常見的土地公像外，還有不少遭到遺棄的落難神明。此外，廟裡還供奉被民間認為是轆轤手拉坏技法祖師爺─「陶神」羅明的神位，可說是以陶瓷聞名的鶯歌鎮另一特色。

福興宮中供奉陶神羅明。（陳俊雄 攝影）

福興宮裡的「陶神」─羅明，是鶯歌鎮獨特的信仰。
（陳俊雄 攝影）

和成一廠

　　鶯歌眾多陶瓷業者中，最早闖出名號者首推日治時期創立的和成公司，迄今和成衛生陶瓷產銷全球，而和成創始人邱和成一貫「起源於陶瓷就要回饋於陶瓷」理念，更讓地方津津樂道。

　　「和成」之名頗有典故。和成窯業創始人邱成，日治時從警職退休，由三峽來到鶯歌創業並迎娶吳月為妻，他在1931年（日昭和6年）創設製陶工廠時，有鑑於丈人與其他八人合組「協和」窯場（即「九公司」），又想到做生意「和氣必成」，遂把窯場及名字全都改為「和成」。

　　和成生意蒸蒸日上，除併購「九公司」股份，並於1961年改組成為「和成窯業公司」。原本僅以生產花缽、水缸的「目仔窯」起家的和成公司，在投入衛生瓷器領域，生產的面盆、浴缸、水箱、各式馬桶頗受歡迎，進而崛起成為鶯歌大型窯場。和成公司在1962年引進全臺第一座70公尺隧道窯後，又於1979年完成當時世界最長的150公尺隧道窯，屢創新猷也證明鶯歌陶瓷業者一直隨著世界潮流進步。

　　事業有成的邱和成堅持將「起源於陶瓷就要回饋於陶瓷」的理念，落實在「和成」家族企業經營中。邱和成在1979年過世後，七子繼承家業也對地方回饋不遺餘力，堪稱是成功企業典範。

和成一廠外觀，世大薄藝術陶板是和成在衛生陶瓷之外，卓然有成的陶瓷品項。（孫國棋 攝影）

和成一廠擁有現代化先進的設備。（孫國棋 攝影）

合興四角窯

　　日治期間引入的四角窯，對鶯歌製陶技術產生決定性影響。業者捨棄柴燒的蛇窯，改採煤燒的四角窯，以製作質感較為細緻的陶瓷器具，但四角窯因需加強抽氣所造成的空氣污染，讓早年鶯歌成為天空灰暗的「黑都」。

　　四角窯的火路屬全倒焰型，窯中火焰由上往下逆向而行，竄燒到地下煙道後經由煙囱排出，火焰流展比半倒焰型的包子窯、登窯效果還好。但四角窯雖然火力均勻，加強抽氣的結果，導致四角窯煙囱又大又長，甚至還有一窯二煙囱情形，而這一支支四角窯大煙囱，也妝點出鶯歌早年特有的天際線。

　　爾後，隨著隧道窯與電窯問世，加上1968年政府禁燃生煤，舊式窯爐紛紛被淘汰，煙囱陸續遭到拆除，污染鶯歌空氣最遭的四角窯也幾乎拆除殆盡。

　　目前中正一路與文化路口附近的「合興窯」保留四角窯煙囱，窯身尚稱完好；另在陶瓷老街附近也仍殘存一根四角窯大煙囱，訴說著當年經歷過的那段美好時光。

上／合興窯四角窯大煙囱，是現今鶯歌少數僅存煙囱之一，挺立於鐵道邊與鶯歌石相對望。

芭樂埔蛇窯

　　「蛇窯」源自中國大陸，由於多屬官窯使用，故原稱「龍窯」，民間沿用但不敢僭用「龍窯」之名，故易龍為蛇，改稱「蛇窯」。鶯歌地區製陶初始，主要以柴燒蛇窯為主，由於蛇窯溫度僅能提升至1100度左右，所燒製的陶器主要以傳統缸甕等主。

　　「蛇窯」大都沿山坡而建，最低處為送火口，此一部份包括燃燒室稱「龍頭」，煙囪及出火口位在最高處則叫「龍尾」。窯身的側面亦開數「目」，等退柴後再封閉以提高溫度。

　　蛇窯成品燒製完成時，窯工為節省柴火，在窯爐尚未完全退溫前，冒熱「搶窯」，運出成品後再放入未燒素坯，辛苦與危險兼備，不但有燙傷之虞，萬一匆忙中成品跌落碎裂，這些瑕疵品往往成為自家使用的餐盤，鶯歌地區俚語「作砸仔喫砸」即描述當初業者節儉之情。

　　火車站附近的芭樂埔有個目前少見的蛇窯，這座蛇窯原為王欽錫及吳萬淵在1943年（日昭和18年）興建，後來吳萬淵產權移轉給手拉坯名師「阿萬師」曾財萬。阿萬師在1970年代改用新式窯爐，蛇窯廢棄，原長10餘公尺的窯身攔腰切斷僅剩約4公尺，唯有煙囪依舊聳立，見證蛇窯柴燒榮景。

協興瓦窯遺址

　　在臺灣早期建築中常見的紅瓦、薄仔瓦、紅磚、尺仔磚、陶管等，都是瓦窯的產品，瓦窯可以說是臺灣窯業發展的基礎。

　　協興瓦窯目前在鶯歌鎮上僅存一座，位於國慶街與光明路之間，是許姓家族投身窯業的見證，也是鶯歌陶瓷發展的典型例子。此瓦窯的實際創立年代不詳，據窯主許清順表示，原先是前鶯歌鎮長王天送的窯，由其父親許銀喜於1934年買來燒製磚瓦，光復後許家隨著傳統建築業的轉型，轉而經營餐具、衛生陶瓷、磁磚乃至現代的精密陶瓷等，協興瓦窯也就因此荒廢了。近年來，鶯歌鎮配合地方文化產業推展，致力於推動景觀建設與再利用，許家也計畫重現瓦窯型體結構，並進一步規畫成觀光園區，讓更多民眾可以體驗傳統陶瓷文化。

文化路附近尚存有一個少見的芭樂埔蛇窯煙囪。
（蘇世德 攝影）

早已停止生產的協興瓦窯。

山林步道踏古蹟

路線指引：
1. 參考第157頁地圖。
2. 三鶯假日文化巴士碧龍宮站或傑作陶藝鶯歌石站下車，再步行進入山林區。
3. 從林長壽圖書館（中山路150號）或孫臏廟（中正一路303巷）旁進入山林區。

玩家建議：
假日上午全家老小、親朋好友登古道健走談心，中午到鎮上餐廳用餐，下午逛陶瓷街欣賞藝術品或動手捏陶、拉坯，是健康又有氣質的文化休閒行程。

站在鶯歌山林高處，鳥瞰大漢溪、三峽景致。

鶯歌地區面溪背山，在火車（1901年通車）與公路（1930年通車）未建造通車前，山林間的步道是鶯歌居民與樹林一帶交往、買賣的主要聯繫幹道，加上1940-60年代間業者開挖運輸山間富藏的煤礦，所鋪設的輕便鐵道舊路等，讓鶯歌山區的步道建置十分完善，在步道運輸功能消失後，成為居民健身踏青與一覽大漢溪沿岸美景的好去處。

整個鶯歌山林古道的範圍，包括中湖、北鶯、建德至樹林大同山一帶，沿途可一登牛灶坑山、石灰坑山、龜崙山，遠及到東湖、龜山兔子坑，所參訪的文化古蹟包括孫臏廟、鶯歌石、碧龍宮、廢棄的煤礦區等。其豐富的植物系譜，如紅楠、臺灣山漆、稜果榕、山黃麻等，充分表現低海拔之森林特色，另外，在鶯歌、樹林交界山區還有四棵超過兩百年的大榕樹可供歇腳，樹下乘涼令人心曠神怡。

在此山林間可以瞭望大漢溪風光、三峽鳶山勝景及

鶯歌鎮全景，近年來鎮公所也向縣府爭取補助，建設不少涼亭、健身設備等休閒設施供居民使用。此一登山健行路線，已成為許多愛好運動的民眾半日遊行程，民眾也能在山林公園裡領略有限腳力、走無限山水之樂。

　　山林步道的登山口，可由中湖、林長壽圖書館、孫臏廟、碧龍宮等處拾階入山，從中湖到樹林大同山走完古道全程約4小時，從林長壽圖書館到鶯歌石、孫臏廟一般行程約1.5小時左右，從林長壽圖書館到碧龍宮一般行程約2小時。

鶯歌石

　　在鶯歌眾多地標景點中，鶯歌石無疑是最為人津津樂道者。稗官野史中記載，鶯歌石與三峽鳶山原為傷害人間的怪鳥，後遭鄭成功開砲擊斃分峙大漢溪兩岸，遙遙相對。鶯歌石身上數個岩洞，也曾被繪聲繪影描述成日本人戰敗後的藏金祕地，更添鶯歌石的傳奇色彩。

通往鶯歌石的步道，以前曾是運煤的便道，現在則是登山健行的好地方。

上／拾階而上，欣賞鶯歌山林美景。

左下／鶯歌石上的數個岩洞充滿傳奇色彩。（陳俊雄 攝影）

右下／栩栩如生的鶯歌石。（陳俊雄 攝影）

孫臏廟正面。（華成攝影公司 攝影）

孫臏廟

　　別稱「宏德宮」的孫臏廟，位於鶯歌鎮中正一路303巷內，是全臺第一座以孫臏為主神的廟宇，和附近的山林古道連成一體，除了是遊客登山的中繼休憩站之外，每年正月初三孫臏誕辰之際更擠進許多信眾來此參拜。

　　孫臏就是兵法家「孫子」孫武的後裔，和龐涓共師鬼谷子，卻遭龐涓妒忌向魏惠王進讒而被處以砍掉雙腿的「臏刑」，因而被稱為孫臏。是民間製鞋業者主要祭祀的神祇之一。

　　1970年代興建的孫臏廟，據說是由南部信眾出資建造，廟裡有上百尊神像，主神為「孫臏真人」，左右陪祀為孫臏的師父王禪老祖（鬼谷子）、南極仙翁，另有三清道祖、五方朔神像、九天聖帝、華陀真人與白鶴童子等，是鶯歌地區相當重要且特殊的廟宇。

上／孫臏正氣之塑像。
下／孫臏廟內部大廟景象。

碧龍宮

　　戰後才興建的碧龍宮（又稱龜公廟），可說是三鶯地區風格特殊、風景秀麗的寺廟。

　　碧龍宮起源來自於北鶯里長曾欽舜幼時為父親送飯包時的無意發現，由於曾里長父子二人看到這塊奇石形如巨龜，龜殼上又有八卦圖紋，連呼嘖嘖之餘起身膜拜，身體竟也健康起來，於是一傳十、十傳百，鄉里之間即集資就地建廟，遂成今日規模。

　　早年搭乘火車來到鶯歌的民眾，不是捧著現金在窯邊排隊等候，就是來到龜公廟一求神蹟出現，而碧龍宮也在好事者摻和下，變成國共內戰裡龜精（蔣介石）、蛇精（毛澤東）相爭的主角。

　　參觀碧龍宮，從前山必須登上266級石階，從後山則為133級石階，雖然過程頗為辛苦，但在此一覽鶯歌全貌、三峽鳶山及雪山北脈的煙霧氤氳，頗有遺世獨立之感。

1.碧龍宮的山門。（華成攝影公司 攝影）
2.雕樑畫棟的碧龍宮。（華成攝影公司 攝影）
3.矗立山間的碧龍宮。（華成攝影公司 攝影）
4.碧龍宮富麗堂皇的廟簷。（華成攝影公司 攝影）

碧龍宮正殿。（華成攝影公司 攝影）

兔子坑

　　兔子坑雖位於桃園縣龜山鄉的兔坑村，但因早年鶯歌製陶業者使用的陶土多來自於此，兔子坑也和鶯歌陶瓷發展密不可分。

上／早期鶯歌製陶業者所使用的陶土多來自兔子坑。
　　（孫國棋 攝影）
中／兔子坑位於桃園縣龜山鄉的兔坑村。（孫國棋 攝影）

　　兔子坑顧名思義，早期是兔子四處亂竄的地區，行政區屬鶯歌大湖所轄。1804年（清嘉慶9年）福建泉州惠安縣磁灶人吳鞍來到當地，並以兔子坑附近黏土製陶，也為兩百年來鶯歌陶瓷發展開啟先河。

　　兔子坑「龜山土」和八塊厝（今桃園八德市）的「大湳土」，雜質較多練土不易，陶瓷業者發現尖山堆陶土品質更佳，逐開始改用鶯歌自產尖山陶土。

　　現今鶯歌陶土雖不再產自兔子坑，但兔子坑對鶯歌窯業發展卻具有決定性影響，可稱是鶯歌窯業發軔地。

互益煤礦

　　昔日的鶯歌庄（包含今樹林市）為臺灣煤炭盛產之地，礦區在今樹林樂山、鶯歌建德附近「上山仔腳」一帶，由於開採時間在二戰方酣時，礦名也十足具有大東亞戰爭氣息，叫做「共榮炭礦」。

左／互益煤礦今只留便道供人憑弔。

「共榮炭礦」在戰時的1940年（日昭和15年）正式開採，二戰後則易名「互益煤礦」，共榮、互益煤礦的礦主則是鶯歌著名政壇人士賴森林。

互益煤礦在賴森林經營下於1962年合併三友煤礦，一直到1982年本地採煤成本高於進口煤炭後才封坑結束營運。2001年納莉颱風來襲，互益煤礦坑口遭土石掩埋，百餘工人採煤榮景只能留待遙想。

千年榕樹

磐立於山頂的老榕樹，據了解已有兩百餘年的樹齡。前人登上山路，翻山越嶺來到榕樹下，乘涼喝水、暫作歇息，放眼望去樹林、鶯歌整片山區、大漢溪，以及三峽、鶯歌城盡收眼底。

1.通往千年榕樹的步道指標。（孫國棋 攝影）
2.盤根錯結的老榕樹，磐立於山頭上。（孫國棋 攝影）
3.山頭上的老榕樹雖然不高大、雄偉，但對路過的行人或山客是乘涼休憩的好地方。（孫國棋 攝影）
4.從老榕樹遙望對山遼闊的風光。（孫國棋 攝影）

鶯歌山林步道植物導覽

文/林修宇　圖/彭春榮

　　若你習慣在熱鬧的人群中賞花，那可以遠赴苗栗，或鄰近的大溪、土城嘉年華式的油桐花祭，可以帶給你熱鬧愉快的一天。

　　若想單獨與小白花對話，那就別捨近求遠，往碧龍宮的登山步道，就有一段安靜的油桐花道，油桐盛開的時候滿地白花似雪讓人不忍踩下。若不走稜線，在孫臏廟後的水泥步道，農林禪寺附近，也有幾棵挺拔高大的油桐，二十多年前家住北市的同學來訪，看過鶯歌石之後，我們順著當時未鋪水泥的小徑往前逛，午後的陽光穿過樹梢，微風中，白色油桐花輕輕飄落在身上，於是我們默默呆立於樹下，傾聽落花的聲音。

　　當年三個未滿20歲的大男孩，如今皆為人父，而當時飄落在風中的白花，依舊棲息在我們心底。至今賞油桐，不愛熱鬧，只習慣靜靜地對話。

　　油桐花季未到之前，步道上有一種眾人喜愛的植物，先是綠色，然後變紅，最後轉為紫黑色，最早是酸的，然後酸中帶甜，成熟後是甜而不膩，猜到了嗎？那就是純天然的野生桑椹，絕對有機而且免費。對這毫不起眼的桑科植物，我們卻如待上賓，好話說盡。當它還是綠色時，大家就對它喃喃細語：「你是最棒的，最健康的，一定會長得圓潤飽滿，香甜多汁。」但有時老天看不過去，連續幾天日曬風吹，一樹桑椹盡是乾乾癟癟，但有些聽話的桑椹，真的是圓潤飽滿，讓大家感激不盡，於是我們遂懷著感恩的心情，一口一口仔細地咀嚼、品嚐。

　　桑椹結束後，另一種果實出現在水泥步道旁的樹上。瘦小乾硬，其貌不揚，那就是永遠不會成熟的紅色桃子。但別在乎果實的大小、長相，整排的桃樹盛開時是春天最美的時刻。今年春雨充沛，在雨水滋潤與洗滌下，粉紅色的花朵開的溫柔而飽滿，另有幾顆

則是，滿滿的胭脂紅，如火熖般熊熊地紅著，直接而熱烈，在冷冷的春雨中，恣意地綻放著，美的令人悸動。

　　而在桃花之前，櫻花早已先上場，碧龍宮旁的櫻花，在藍天綠樹的襯托下，早以一樹的緋紅，宣告春天到臨，我怔怔地望著，既心動又心痛，心動它全心全意毫無保留地怒放，心痛在盛開之後，竟以最快的速度凋謝，迅速化為層層春泥。這次相見讓人驚喜，下次卻令人嘆息。在櫻花樹上，未曾找到櫻桃，但卻見到晶瑩剔透的琥珀（樹脂）。珠母貝因砂的侵入而結出珍珠；櫻花的樹幹，因傷口而分泌出美麗的樹脂，經歲月淬煉而成琥珀，原來傷痕若被溫柔的對待，常會有意外美麗的結果。特別愛櫻花、油桐，非只因那熱烈的紅或純淨的白，更心動它們凋謝的方式，在每一朵生命的最後一刻，選擇以「飄」的姿態，優雅地脫離枝頭，告別生命，復歸塵土。平凡不起眼的一條步道，隨著季節的更替，隨時有花在開，有許多生命在默默地成長。假日爬山可以隨意走走，活動一下筋骨，呼吸幾口新鮮空氣，也可以揀幾片漂亮的落葉回家，或循著五色鳥的叫聲，去追尋五彩斑斕的身影，運氣好的話還可以在鶯歌石附近，看到空中盤旋的鷹姿。

　　常想，或許不是世界不夠美，不夠精采，而是我缺少發現和探索，當自己懂得探索和發現，這世界也會跟著新奇亮麗起來。朋友們，週末不妨換上輕便的服裝，穿上運動鞋，到步道走一走，你的假日將變得更充實喔！

路線3
文化老街懷舊行

路線指引：
1. 參考第158頁地圖。
2. 鶯歌火車站文化路出口，出站後右轉即進入文化老街。

玩家建議：
下了火車，到文化舊街道上，細數讓古宅風華、領略鶯歌人的虔誠信仰，再逛逛街上精采的陶瓷店家，或許來個拉坯彩繪動手做，輕輕鬆鬆認識鶯歌陶瓷！

鶯歌火車站

　　日本據臺後更動劉銘傳鐵路路線，將原自新莊通往龜山的路線，改行板橋、樹林、鶯歌轉往桃園，鶯歌因此進入鐵道運輸之林，還拜運煤、陶瓷貨品之賜，一度是日治時期貨運運輸量排名全臺第二的大站。

　　1901年（日明治34年）8月25日，「鷹歌石驛」正式啓用，站址則在今日中正一路的鶯歌分駐所對面（原獅子會堡壘處），1920年（日大正2年）總督府鐵道部應地方人士請求，將站名易為「鶯歌石驛」。

　　1919年（大正8年）鶯歌路段由於上坡坡度太大，釀成南下列車熄火逸溜回車站的13人死亡、百餘人受傷的重大車禍，鐵道部重新檢討，決定更改路線並將站址遷入文化路，新站自基隆起算哩程數為30.7英哩。

　　日治時期三鶯地區開採的煤炭均由鶯歌輸出，加上當地產銷的陶瓷製品也依賴火車運輸，因此日治時期鶯歌還一度僅次於彰化員林火車站，成為全臺貨運吞吐量第二的大站。

　　1966年有鑑於日治時期興建的站房老舊，臺鐵在原地改建水泥站房，近年鶯歌陶瓷博物館、陶瓷老街興建規劃，讓鶯歌一躍成為全臺重要觀光城鎮，臺鐵有感舊車站不敷使用，遂在前省議員陳照郎等民意代表共同爭取下，在舊站附近興建跨站式新穎站房，並於2003年3月底正式啓用，為推動鶯歌觀光再創新猷。

1. 日治時期的鶯歌車站。
2. 1966年改建的鶯歌火車站。（孫國棋 攝影）
3. 2003年正式新啓用的鶯歌火車站。（孫國棋 攝影）
4. 鶯歌火車站月台。火車是鶯歌人最重要的交通運輸工具。（孫國棋 攝影）

5-9.穀倉內完整的碾米設備，
　　想見當年的碾米盛況。
　　（華成攝影公司 攝影）
10. 鶯歌農會穀倉。內部的碾
　　米設備自日治時期保留至
　　今，仍可運轉使用。
　　（華成攝影公司 攝影）

農會穀倉

　　走在鶯歌文化路上，彷彿回到歷史時空，除了汪洋居、成發居引人思古幽情，深藏農會後方的碾米廠，更是農會成員引以為傲的重要文化財產。

　　約1917年（日大正6年）「鶯歌信用購買利用組合」成立，為替當地廣大農民服務，遂以清水紅磚及檜木等建材興建碾米場，將農民收成稻穀碾製成精米。

　　在農耕技術及稻米品種不斷改良下，中南部碾米場為提高產能，一一擴建並新增機具。鶯歌農會碾米場經歷二戰、改建等劫厄，加上建材係以堅固檜木製成，竟安然渡過悠悠時間長流存續迄今，成為現今全臺最古老的碾米廠。

　　碾米廠外有清水紅磚砌成立面，內部三層穀倉設計，除有檜木製的門窗及樓梯，每間穀倉還保留一根長柱型中央竹，讓碾好精米久放也不致發霉。

　　由於清理不易，深藏於挑高屋頂上滿佈的蜘蛛網，更被形容成「清也清不掉的蛛網」，襯托出穀倉悠久歷史，也造就鶯歌另一項傳奇。

左／成發居的立面牌樓。（陳俊雄 攝影）
右／位於文化路上的成發居。（華成攝影公司 攝影）

文化路左邊走廊壁面上的成發居立面模型。（孫國棋 攝影）

成發居

　位於文化路335號的「成發居」，1919年（日大正8年）由陳發興建，形式是五開間四合院並在正面街上鄰接的亭仔腳，內進還有閣樓，顯現由農村生活到市街生活的機能轉換。

　成發居地面鋪磚，係臺灣煉瓦株式會社所燒製的「ＴＲ磚」，由於產自松山（舊稱錫口），也有個別名叫「錫口磚」。清水紅磚砌成的亭仔腳，富有早期荷蘭風格，立面牌樓及女兒牆也相當具有特色，成為不少遊客留影駐足所在。

　成發居屋齡已高，雖在「921」及「331」地震後倖存，不似鐘樓意外毀損，但在颱風侵襲後出現傾圮，加上鎮公所有意拓寬道路，大宅院「成發居」在時空環境變遷下，也將淡出鶯歌。

　看過成發居的民眾，對陶瓷老街口的老街牌樓皆會有「似曾相識」的感覺，事實上，老街牌樓就是依照成發居亭仔腳以玻璃纖維翻製，讓遊客體驗古厝「原味」。

汪洋居

　目前鶯歌老宅中保存最為完整的「汪洋居」係由余海黌在1916年（日大正5年）所建，儘管興建年份還要比成發居早上三年，但保存狀況卻遠較成發居良好。

　汪洋居建築綜合許多建築風格：立面受歐洲建築風

文化路左邊走廊壁面上的汪洋居立面模型。（孫國棋 攝影）

左／位於文化路上的汪洋居。（陳俊雄 攝影）
右／汪洋居的門面，富有歐洲建築風格的富麗
感。（陳俊雄 攝影）

格影響，有美麗的泥塑假山面牌樓，融合中西式紋飾，山頭上還立著青葫蘆。原本作為米業事務所的汪洋居，有著傳統老宅院的進深，立面上的四個圓甕上均裝有避雷針，相當考究。

　　早期汪洋居的主人余德義，曾任七屆縣議員並為「二五會」之首，堪稱鶯歌政治世家。當時以余德義為首的鶯歌士紳，因定期在每月25日於汪洋居聚會，「二五會」之名也不脛而走，「余派」早年與許吉為首的「許派」互別苗頭，也是鶯歌派系濫觴。

　　由於鎮公所規劃拓寬文化路，已有80餘年屋齡的成發居、汪洋居部分建築將重新規劃，希望在文化路上立面模型外，仍然可見令人緬懷人文薈萃盛況。

福德宮

上／福德宮是鶯歌重要的信仰中心。（陳俊雄 攝影）
中／福德宮供桌下的虎爺。（陳俊雄 攝影）
下／福德宮供祀土地公，是石材雕刻而成，十分特
別。（陳俊雄 攝影）

　　位於文化路325巷內的福德宮興建於清末，成立以來即為鶯歌六里（東鶯、西鶯、南鶯、北鶯、中鶯、建國）的信仰中心。廟裡主祀為土地公，由較為罕見的石材所雕刻，頗為獨特。

　　除了土地公，福德宮還向三峽祖師廟分祀了清水祖師，早年每逢正月初六清水祖師誕辰，福德宮廟埕還擺滿了大豬公祭祀。

　　另外，福德宮裡因有供奉其他神祇，廟方特別在供桌下方擺有負責保護神明的「虎爺」，也是一般土地公廟罕見的特例。

陶瓷老街踩新妝

陶瓷老街

現今通稱的陶瓷老街位於同慶里尖山埔路一帶，早年稱為「十一間仔」，1999年商圈再造完成，陶瓷老街重新出發每年吸引百萬人潮，也擦亮鶯歌陶都招牌，目前縣府規劃延伸老街徒步區，讓當地發展益發完善。

清季移民有鑑於大漢溪畔人煙稠密逐轉往尖山埔附近墾殖，最初僅在現今鶯歌國小對面興建十一間房舍，當地早期被喚作「十一間仔」。

1960年代鶯歌窯業起飛，尖山埔路低矮的房舍則被改建為販售陶瓷製品的門市。80年間，尖山埔路狹窄、破落街景與鄰近景觀不協調，1995年民間團體與官方共同著手規劃，達成改造尖山埔路為陶瓷老街商圈共識。

2000年4月2日「商店街」工程完工開幕，尖山埔路也成為鶯歌最熱門的景點，加上文化路上的臺北縣立鶯歌陶瓷博物館啟用，每到假日期間總能湧入數萬賞陶人潮，帶來不少商機。

1.入夜後的陶瓷老街。（華成攝影公司 攝影）
2.三號公園入口牌樓，是仿成發居立面設計的，門楣上題有「陶醉鶯歌」。（華成攝影公司 攝影）
3.陶瓷老街入口。
4.每逢假日商店街湧入大量人潮。（孫國棋 攝影）

重慶街隧道窯外觀。（陳俊雄 攝影）

重慶街隧道窯

　　緊鄰陶瓷老街的重慶街65-1號，有個外觀看來不起眼的隧道窯，但擠陶管、修坯器、獨輪車等工具一應俱全，窯身雖小，卻彰顯出早期製陶的辛苦。

　　隧道窯屬連續式窯，主要是將馬賽克放在窯車上，從窯爐一端進入，經過煅燒後再由另一端送出成品，但以柴油作為燃料的重慶街隧道窯卻僅設一處出入口，早期工人往往必須在燒製後以鐵鉤勾出台車，迅速置換成品及素坯，動作必須熟練才不致打破成品。

　　一般來說，隧道窯大多用來燒製瓷磚；窯爐可分預熱帶、燒成帶、冷卻帶三階段，長者可達100公尺生產線，且能24小時連續燒製而不停火。

5.隧道窯多用來製造瓷磚。（陳俊雄 攝影）
6.這座60年代隧道窯開放供人參觀。（陳俊雄 攝影）
7.窯內留下多年來燒窯的痕跡。（陳俊雄 攝影）

鶯歌國小

　　日治時期三鶯地區原本僅有三角湧公學校，1907年（日明治40年）12月25日，日人在鶯歌設立「三角湧公學校尖山分校」，為鶯歌國小前身。

　　當時鶯歌國小學區廣大，範圍包括現今鶯歌、二橋、中湖、鳳鳴、建國及樹林柑園、桃園大溪鎮之中新等數個國小學區，1910年（日明治44年）正式升格為尖山公學校，屬桃園廳所管轄，直到1919年（日大正8年）才從桃園回歸由臺北州管轄。

　　尖山公學校為鶯歌地區最早設立學校，1920年（日大正9年）6月6日，尖山埔陶器製造者曾在尖山公學校成立聯合總會，而這也是鶯小與製陶業者最早結緣紀錄。

　　據記載，1928年（日昭和3年）久彌宮邦彥親王，曾於三鶯尖山堆校閱演習，演習結束，久彌宮邦彥親王及當時鶯歌街長黃純青等人均來到尖山公學校休息，鶯歌國小因而寫下接待日本皇族的難得紀錄。

1.「三角湧公學校尖山分校」為鶯歌國小的前身。
2.舊時歲月，小朋友上學去。
3.鶯歌國小校門。（孫國棋 攝影）
4.鶯歌國小活動中心。（孫國棋 攝影）
5.鶯歌國小校內牆壁上的馬賽克拼貼。（孫國棋 攝影）

鳥瞰三號公園。（孫國棋 攝影）

三號公園

　　1999年完工的鶯歌市區首座公園「三號公園」，目前是鶯歌鎮內唯一大型綠地，由於三號公園緊鄰陶瓷老街，也成為許多民眾休閒遊憩的最佳去處。

　　鶯歌地區已經連續舉辦十餘年的陶瓷嘉年華，每每吸引數十萬人潮，但由於停車空間不足，遊客來到鶯歌往往必須忍受塞車之苦。

　　為解決日益嚴重的停車問題，前鎮長許元和在1999年時，選擇在陶瓷老街酒寮巷口附近，規劃三號公園及停車場以紓解老街停車問題；並在入口附近仿照文化路老宅成發居騎樓，利用玻璃纖維塑造牌樓，成為鶯歌地區重要地標。

6

7

6.三號公園提供大片綠地供民眾遊憩。（孫國棋 攝影）
7.三號公園內設置完善的兒童遊樂設施。（孫國棋 攝影）

來去鶯歌陶博館

創館緣起

臺北縣立鶯歌陶瓷博物館座落於鶯歌陶瓷小鎮，是臺灣第一座以陶瓷為主題的專業博物館。陶博館於1988年立案籌畫，是鶯歌陶瓷觀光城規劃中的重點建設，負有地方資源與陶瓷專業統合的使命。歷經2位縣長、5位文化中心主任，耗時12年的籌建，於2000年11月26日正式開館營運。

陶博館是一座知性、感性、可親、可遊的博物館。它以地方性、全國性、國際性為三大發展目標。積極進行臺灣陶瓷文化研究，推展各式現代陶藝創作，促進國際文化的交流，並透過展覽、教育推廣與文宣出版，展現陶瓷文化的豐富面向，藉此提升鶯歌陶瓷產業與地方形象，並以教育服務為導向，提供陶瓷文化研究與陶藝創作環境。

陶博館擁有4700坪的樓層面積，包含展覽室、資料中心、陶藝研習室、兒童體驗室等場所。簡單質樸的建築基調，為造形、質感與色彩變化豐富的陶瓷展品，圍塑出一個類似「留白」效果的展示場域。為了擴展臺灣民眾與陶藝工作者的視野，陶博館透過臺灣陶瓷製作技術與常民文化的展示內容，以及各項國際陶藝展與工作營的舉辦，建立臺灣陶瓷文化的主體性。陶博館不只是鶯歌人共同歷史情感之所在、臺灣人民努力打拼的共同生活記憶，也是臺灣與國際陶瓷文化交流的重要窗口。

陶博館後方的陶瓷公園是鶯歌陶瓷觀光城規劃中的另一項重大建設，佔地約13公頃，預計2007年完成4.8公頃公園工程，規劃有古窯區、陶瓷步道、公共藝術、親子景觀戲水區、陶藝示範與體驗區等。陶瓷公園延續陶博館的教育功能，展現陶瓷媒材的多元藝術表現，並結合自然景觀與親水休憩等生態性設施，成為國內第一座陶瓷主題的大型公園。未來，陶博館、陶瓷公園以及鶯歌陶瓷觀光城鎮將連成一體，成為臺北都會區最好的親子旅遊與文化休閒的好地方。

陶博館以清水模玻璃帷幕打造的外觀，擄獲了眾人的目光，歷年來舉辦的醃脆梅及國內外陶藝示範等活動，吸引大量人潮參觀。

參觀服務介紹

電話：02-8677-2727 轉831、832
地址：23942臺北縣鶯歌鎮文化路200號
網址：http://www.ceramics.tpc.gov.tw/

開放時間
□週二至週五 09:30-17:00（16:30停止售票）
□週六、週日 09:30-18:00（17:30停止售票）

休館日
□1.每週一（逢國定假日照常開放，隔日休館）
□2.農曆除夕、年初一
□3.選舉日
□4.政府公告之天然災害停止上班日
□5.館方另行公告之必要休館日

門票
□全票100元；優待票70元；假日一日券99元
□一般團體票70元；學生團體票50元（團體：20人以上）

申請會員卡
□個人卡 600元 / 年(成人)；400元 / 年（學生）
□家庭卡 500元/年(成人)；300元/年（未成年）
◎優惠內容：1、一年內不限次數免費入館；2、同行親友憑卡享優待票之價格；3、免費使用語音導覽；4、餐廳禮品店九折優惠；5、贈送動手做體驗卷4張等。

導覽服務
□免費定時導覽
□免費預約團體導覽（可分級導覽）
□語音導覽租借　提供國、臺、客、英、日語及青少年版

玩陶體驗
□兒童體驗室　專為4到8歲設計的主題活動
□陶藝研習室　歡迎8歲以上的大、小朋友一起動手做

其他便民設施
□飲水機（B1、1、2樓電梯後方）
□廁所、無障礙廁所（每層樓電梯後方）
□親子尿布檯（設於無障礙廁所內）
□育嬰室（B2）
□無障礙動線（坡道、電梯）
□嬰兒車、輪椅等借用服務（服務台）

其他服務設施
□圖書資料中心
□陶藝舞台
□國際演講廳
□餐飲服務　預約專線02-2678-8664
□禮品販售　服務電話02-2678-8554
□場地租借　開放國際演講廳、會議室、一樓大廳等租借及展演申請，請洽分機803。
□三鶯假日文化巴士

空間導覽

● 建築特色

　　成立6年的陶博館，因為後方陶瓷公園興建完成，成為更親近泥土、親近大地的陶瓷博物園區。陶博館的主體建築物是極具現代風格的建築，建築形式以清水模、鋼骨架、透明玻璃穿透內外環境，空間產生無限延伸和虛實的變化，整體呈現質樸的美感。以清水模與鋼骨呈現的灰色系外觀，空間挑高與顏色素淨的設計，以及大面積的玻璃帷幕，讓外頭灑落進來的自然光，在寬闊的空間中展現光線透射的各種效果。建築設計「低調」的特色，讓室內的陶藝展品隨著陽光的變化，呈現出無限豐富的質感與面貌，讓陶博館成為包容藝術無限可能的舞台，也成為鶯歌陶瓷觀光的代表性景點。開館後每週一休館日被片商預定一空，堪稱是國內螢光幕前曝光率最為頻繁的公共建築。

　　以表現陶瓷多元風貌的陶瓷公園，主題扣緊「陶與土」、「陶與火」、「陶與水」、

建築師簡學義。

上，則邀集了多位國內外陶藝家的創意與巧思，讓陶瓷藝術以更親近大地、也更親近生活的角度，活潑於天地之間。

　　來到陶博館，當您跨上層層石梯，越過水上橋身後，雖還未進入館內參觀，您已進入陶博館美麗的空間建築設計之中，通過這些，讓您準備好心情，帶您仔細用心領略眾家陶瓷工作者的精典作品。進入館內，您可遊走於自然、素樸的建築所營造出的藝術展示氛圍中。在清水混凝土、洗石子的牆面、灰色的石材、棕褐色的木頭所組合而成的連續、層次豐富的空間中，在樓高三層，地下兩層的建築體中，逍遙於藝術的時光！而當您穿入園隧道來到陶瓷公園，更會發現陶藝是如此的親切，自然而然地在生活周遭的每個角落。脫掉您的鞋、捲起褲角，放手與大地在一起吧！

「陶與光」、「陶與風」、「陶與綠」、「陶與人」，除了提供藝術創作一個戶外展覽環境外，也納入更多的泥土、水與綠意，展現人為創作與自然的平衡關係，以無鑿斧痕跡的安排，將陶的萬種幻化風情融合於自然的環境之中，邀請人們在怡然悠遊中體驗陶瓷的無限可能。

　　陶博館與陶瓷公園皆出竹間聯合建築師事務所設計，負責人簡學義建築師，將建築與哲學結合，表現在精神與形式上，彰顯出人文與自然的素樸主義。在主體建築的規劃上，結合了西方的建材與技術，構成如細胞般的結合體，在連續自由伸展的空間中，巧喻著追求道家、佛家對「空性」與「實相」的領悟，將空無的無限感呈現得淋漓盡致，並以極簡的原則，不干擾空間中藝術與人的關係，成為一種「背景式建築」，創造一種親人的與貼近藝術品的融合狀態。如此，做為陶瓷藝術的展覽與活動空間，以美麗的空間建築與陶瓷創作相映成趣。在公園的設計

陶博館館室空間介紹

陶博館室內為地上三層，地下兩層的建築，在您進入陶博館前，會不知不覺間來到一座橋上，陸橋兩邊分別矗立著大型的陶藝作品：左邊看到的是「彩雲呈祥」，右邊則是「禧門」。

正式進入陶博館一樓大廳，左後方有「陶品店」，左前方是橢圓形的「觀眾服務台」；服務台與陶品店之間有置物櫃及蛇窯中段的模型，穿越蛇窯中段右轉直接進入常設展展廳；服務台後方則為陶藝舞台，再過去是115「臺灣傳統製陶技術」常設展展廳。大門口右手邊是落地玻璃帷幕特色的「陽光特展室」；正前方有無障礙坡道通往二樓，穿越整個室內空間往前走到戶外，還有一件

陶藝作品「月門的傳說」以及寬闊的「月門廣場」，穿過廣場來到入園隧道，則可進入廣闊的「陶瓷公園」。

館內地下二樓為員工停車場與「陶藝研習室」，地下一樓東邊最前方為「圖書資料中心」，往後方有「辦公室」、「國際演講廳」和「兒童體驗室」，中間有貫穿前後的「陶藝長廊」，西邊則有「餐廳」。

二樓是201-204「常設展展廳」，分別為「臺灣陶瓷發展」、「鶯歌陶瓷發展」、「史前、原住民、現代陶藝」、「工業與精密陶瓷」四大主題；三樓則是301-304「特展展廳」以及「觀景台」。

3F
特展301-304室
每年企劃三至四檔不同主題的特展，提供喜愛陶藝的朋友、對陶瓷有興趣的民眾，豐富的陶瓷文化內涵。

2F
常設展201-204室
介紹臺灣陶瓷發展歷程與各類型特色。

諮詢服務台

　　諮詢服務台提供觀眾諮詢服務、展覽摺頁及活動簡章的索取、定時導覽預約登記以及語音導覽的服務，並也備有陶博館紀念章供民眾加蓋。語音導覽服務備有中、英、日、臺語、青少年及客家語版本之常設展語音導覽租借，以提供自主與自在的導覽情境。

陶品店

　　提供各式紀念品與出版品。參觀完各項展示及教育活動後，想與朋友分享陶瓷藝術之美，別忘了到陶品店逛逛。

陶藝舞台

　　推出融合陶瓷主題的戲劇表演或示範，讓誇張、趣味的生動演出，加深您對陶瓷文化的認識。

陽光特展室

　　不定期舉辦特展與申請展。

常設展115室

　　以互動設施介紹臺灣傳統製陶技術。

月門廣場

　　不定期舉辦戶外活動，是欣賞陶博館建築另一面的最佳景點。

B1

餐廳

　　位於地下一樓的餐廳，擁有152席座位，是全館環境優雅、視野最佳的角落，提供遊客悠遊陶瓷藝術之美的同時，能夠輕鬆享受美味餐點及下午茶。

圖書資料中心

　　圖書資料中心蒐藏陶藝、陶瓷、博物館及藝術等圖書及視聽資料，開放年滿12歲之社會民眾閱覽。

國際演講廳

　　定時安排播放陶瓷相關影片，以及不定期舉辦各種演講活動，提供遊客另一種知性之旅的選擇。

陶藝長廊

　　不定期舉辦特展與申請展。

兒童體驗室
　定期舉辦4-8歲兒童的陶瓷體驗課程。

陶藝研習室
　定期舉辦8歲以上遊客動手做陶藝的體驗課程，以及不定期舉辦專業研習活動。

陶瓷公園介紹

　　穿過1樓「月門廣場」來到入園隧道，進入陶瓷公園，最先看到的建築是遊客服務中心，提供遊客入館的另一入口，服務中心前有一廣場及景觀水池，是遊客進出館的中介空間。公園東邊是陶瓷步道，在步道牆上設計有陶瓷景觀雕塑，漫步其間可觀景、可欣賞雕塑，也可以在馬賽克座椅上休憩。公園中間有一池親水設施，提供戲水消暑之用，而水池前有一陶瓷公共藝術區，水池後的草皮則提供大型陶瓷雕塑的戶外展示空間。公園最後方是火廣場，以露天表演舞台為中心，周圍環繞階梯式座椅和臺灣陶瓷史上出現過的幾種窯爐，除提供戶外表演及休憩外，也是提供古窯體驗之所。西邊的小河經過美化，是以自然工法設計的親水空間。陶瓷公園預計於2007年完工啟用，屆時不妨來親自體會一下喔！

四角窯

柴　窯

戶外公共藝術

　　圍繞在陶博館主體建築外圍，有四座充滿趣味、多彩且創意十足的大型公共藝術作品，陶藝家用創意、用巧思，以最自然的材料「土」，創造各種不同的藝術氛圍，讓人輕鬆進入曼妙的藝術世界！

《禧門》　邱煥堂

　　這件作品結合了彩虹與拱門兩者的意象，象徵人類亙古以來，在精神與物質上的平衡。作者追求簡潔的藝術趣味與力感的表現，以及奇妙的空間層次感，絲毫不受形象所束縛，奔放自由，觀看的同時讓心中各式想像與創意也開始奔騰起來。

《彩雲呈祥》　劉鎮洲

　　位於進館前水池左邊，將大小不一、造型各異的近百朵陶製彩雲，經過適當地高低與疏密的安排，漂浮在以流瀑為背景的寬大池面上，構成一片熱鬧、繽紛的景象，象徵著豐富多彩與興盛繁榮。

《月門的傳說》 鄧惠芬

　　作品是由九塊陶塊推砌而成，其構想源自於中國庭園的「月洞門」，表面飾有點線面或符號作出的肌理，及多彩的化妝土上色處理，展現出都市景觀與自然景觀的空間層次。作者希望新一代也能回顧過往的歷史痕跡、生活點滴，讓記憶中的月門不只是個傳說，而能長長久久。

《節渡使》 白宗晉

　　這件銅鐵色澤、猶如潛水艇形貌、藏有類似心臟造形的作品，是作者刻意創造的「超現實的生物機械」，名為「節渡使」，作為一種警戒世人的符號。作品彷彿意寓人類所創造的物質文明操控在人類自我的慾望中，人們應該慎思所創造的物質文明及它們與人類社會的關係。

常設展導覽

201室展廳「阿嬤的灶腳」場景。空間中依稀傳來的炒菜聲，勾起許多人兒時鄉間的回憶。

陶博館常設展以臺灣陶瓷發展為主題，呈現臺灣人民在這塊土地上生活的記憶及歷史，展現陶博館作為臺灣陶瓷主題博物館的格局，並打破一般文物陳列的方式，以參與式、學習式的互動關係為導向，結合各類型展品與資訊科技，塑造各種體驗式展示情境，具體而生動地表現臺灣陶瓷發展的生態情境與文化精髓，讓觀衆除了感受到知性和美感的經驗外，也兼得趣味性及娛樂的效果。

為深入介紹臺灣陶瓷，陶博館常設展分成五大主題區：「走向從前—臺灣傳統製陶技術」、「回看所來處－臺灣陶瓷發展」、「硘仔鎮－鶯歌陶瓷發展」、「穿越時空之旅－史前、原住民、現代陶藝」，「未來預言－工業與精密陶瓷」，引領民衆悠遊於臺灣多元而豐富的陶瓷文化之中。

201室展廳入口處。陶板寓意臺灣人民在這塊土地上生活的記憶與歷史；右邊整面橫躺的臺灣陶瓷文化地圖映入眼簾，帶領觀衆走入臺灣陶瓷發展史。

右頁圖

1. 入陶之門。踏入陶博館大廳，往左看，一座「蛇窯」截面形成的磚紅色拱門屹立其中，除了引起視覺震撼外，來訪的觀衆亦可自由走入，以身體感官穿越傳統窯場空間，展開追尋臺灣陶瓷發展的旅程！
2. 從「入陶之門」通過燃料走道到115室。走到燃料走道，牆上掛著相思木、松木、漂流木、竹子、芒草、稻殼、鋸木廠廢木料、各式雜木、煤炭等傳統窯爐常用的燃料。早期生活與自然關係密切，燒陶用的燃料亦多為自然材。一般而言，傳統窯多半以相思木、雜木等為燃料，稻殼通常是包子窯燒磚瓦使用，煤炭則是四角窯的主要燃料。
3. 小蛇窯。臺灣早期薪材取得較易，因此多燃柴來燒製陶器，蛇窯就是一例。為了讓大家體驗傳統窯的精神，陶博館特別砌築一座小蛇窯。此窯由砌窯師傅依循古法製磚或取古窯磚，以傳統技術縮尺砌築而成。
4. 素樸的老式轆轤。左起中式腳踢轆轤，中為日式手動轆轤，右為日式腳踢轆轤。
5. 使用拍打紋、雕刻、化妝、鏤空、鑲嵌、剔花、壓印紋等陶器裝飾法，將一些小件產品，如筷子籠、 陶枕和香筒，裝飾得精緻美觀。

115室 走向從前─臺灣傳統製陶技術

臺灣的居民，從最早的南島語族到漢人來臺，又歷經荷蘭和日本人的統治及戰後新一波的移民潮，累積了相當豐富的陶瓷製作技術與文化。一般說來，陶瓷由黏土燒製而成，製作過程包括了取土、陳腐、練土、成形、乾燥、裝飾、素燒、上釉、燒成等步驟，過程相當複雜。115室概論式地分成「土、形、飾、釉、火、陶」六個基本單元，並透過實物、圖解說明、影片欣賞及電腦動畫等來展示製陶過程的坯土備製、成形、裝飾、上釉、燒製到成品出窯等重要步驟，觀眾可以很輕鬆地掌握坯土變成陶瓷的過程。

臺灣陶瓷的發展從史前、原住民、漢人陶瓷再到現代陶藝，展現了悠久而多元的文化脈絡與內涵，其中漢人陶瓷又是臺灣陶瓷發展的主軸，本展廳即以漢人陶瓷三百多年來的發展為介紹重點。

為介紹臺灣陶瓷三百多年來的發展歷史與地理脈絡，展場中利用老照片與文物的說明，清楚指出陶瓷歷史的發展脈絡，並利用地圖的佈局安排與年表標示，圖示全面的地理傳承路線，讓觀眾對臺灣陶瓷發展歷史有一目瞭然的感覺。另外，也選擇從信仰與陶瓷、生活與陶瓷、建築與陶瓷等生活的角度切入，安排豐富的文物展出，並運用模擬重現生態場景的展示方式，讓觀眾輕鬆又不失知性地體會陶瓷與臺灣人民的密切關係。

1. 在沒有自來水的年代，缸是家庭必備的儲水器。
2. 滿桌盛裝美食佳餚的用陶瓷餐具。
3. 從最基本的磚瓦，到繁複的裝飾構件，建築陶瓷豐富了我們生活之美。
4. 題有「福字」的鶯歌古早碗盤。
5. 早期廚房常用的豬油甕。
6. 素燒臺式烘爐。
7. 各種不同形制的缸與甕，滿足廚房裡各種不同的需求。

202室　硘仔鎮－鶯歌陶瓷發展

鶯歌是臺灣陶瓷窯業最興盛的地方，兩百年來的發展與臺灣的陶瓷脈動息息相關，加上陶博館坐落於鶯歌，以地方發展為己任，故全面呈現鶯歌人文與產業特色，讓在地鶯歌人有一集體記憶的場域，引發愛鄉惜土的情懷，並讓觀眾了解鶯歌陶瓷的面貌，促進鶯歌陶瓷文化的發展。

展場透過多元而豐富的展示，串連鶯歌人文開發、工業發展中的重要事件做概念式的介紹，以建立鶯歌兩百年陶瓷發展簡史。並透過窯爐與火車等促進鶯歌陶瓷發展的重大設施的生態性佈局，搭配相關老照片的安排、時代文物的展示，及重要人物的介紹，架設並活化出鶯歌陶瓷發展的多元面貌。

8.茶具生產是鶯歌陶瓷產業中非常重要的品項。
9.1970至80年代是鶯歌仿古彩繪陶瓷外銷的高峰，為臺灣賺取大量外匯。
10.《青花剪紙》楊莉莉作。
11.202室走廊陳列了鶯歌不同時期的陶瓷產品。
12.等火車的小販和一綑綑碗盤，是早期鶯歌陶瓷業者辛勞營生的寫照。
13.一列火車承載鶯歌陶瓷發展的過往。從木材到燃煤燒窯方式的改變，碗盤、衛生陶瓷及建築陶瓷及藝術陶瓷等的生產，造就鶯歌陶瓷輝煌的一頁。

8

9

10

11

12

13

本展廳以考古現場與文化層的模擬展示，從時間的縱深度來介紹臺灣陶瓷史。自腳底下這一塊土地上，不同時代作品所呈現出來的物質與精神層面意義，反思人類亙古以來的所思與作為。並藉此將臺灣各時代陶瓷的製作、功能、美感展現與承載意義，作一比較與對照。

首先，請觀眾角色扮演為考古學家，以打開史前、原住民、現代陶的X檔案櫃為重要的入場目的。接著將展場設計仿若考古挖掘現場實景，並萃取文化層的概念，將每一個展示臺座分為三層，在每一層位間佈置各式陶器、工具、模型與影像，以涵述史前、原住民與現代陶瓷這三個時域的製陶文化的異同之處。

如此，每一個展示台座都是一個X檔案櫃，展現著不同的主題內容，如形制、成形、燒製、顏色、實用性、信仰與圖案等，並帶領參訪者飛越數萬年時空，思索亙古以來人類與陶之間許多共通的智慧與情感。另外，也安排現代陶藝特區，讓觀眾欣賞臺灣現代陶藝的多元發展面貌。

1

2

3

4

5

1.左起阿美族的製陶承托工具，排灣族的製陶裝飾工具與卵石、木拍等修整工具。
2.蘭嶼達悟族的舂米陶偶。
3.有三支陶支腳的煮食炊具。
4.原住民在陶坯四周堆放木材、稻草露天燒製出各式各樣陶甕的模擬場景。
5.陶博館203室展覽空間。

204室　未來預言－工業與精密陶瓷

6

　　一般我們所熟知的陶瓷都是日用陶與藝術陶，事實上陶瓷還化身為我們周遭工業科技用品的材料與元件，如機車汽缸、假牙、電腦、電話、行動電話等，一個與我們生活貼近卻又陌生的世界當中。這個領域隨著人類工業科技的快速發展，不斷改良材料與技術，也不斷擴展產品界域與功能，是未來陶瓷相當具有發展潛力的領域。現今奈米科技對輕、薄、短、小與多功能性的追求，更使其發展潛入令人難以臆想之境。

　　展場上從鋼鐵工業、半導體產業、航太科技至生物醫學等應用領域的拓展，推陳出各類代表性展品，讓民眾認識陶瓷的豐富面向與快速演變。並以鋁版排列成圓弧形展示牆，牆面內嵌展品，鋁版表面蝕刻文字與圖像，在微暗的燈光氣氛下，播放快節奏的影音畫面，以營造充滿科技感與未來感的氣氛；另以互動式媒體與遊戲體驗裝置，活潑而具體地呈現工業與精密陶瓷的特性及與現代生活密不可分的關係。

7

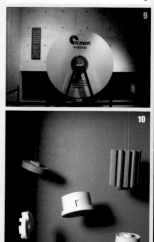

8

6.假牙也是由陶瓷製作。
7.金屬液過濾器。常用於過濾高溫熔融之金屬液雜質，以提升鑄件品質與生產效率。
8.右為菜磨，左為磨缽，都是利用陶瓷的耐磨特性，來研磨食物的用品。
9.中國砂輪公司產品。砂輪為工業中重要的研磨工具，應用於高科技產業的晶圓及日常生活中如家電、腳踏車等機械或工具的製造過程。
10.火星塞、電線座等皆是陶瓷絕緣體，其功用在於讓電子無法在內部運作。
11.充滿科幻聲光之效的展場設計。

9

10

11

特展推薦

● 三樓特展室

　　位於三樓的特展室,是陶博館最重要的展覽空間,經常舉辦大型的國內外展覽。觀眾在這國內唯一以陶瓷為主題的專業展覽空間,可以看到來自世界各地的陶瓷、或是激烈競賽脫穎而出的作品,當然也有以臺灣陶瓷歷史研究為主題的專題展覽等。

　　來陶博館,千萬小心,漏掉三樓的當期特展,就等於沒來過哦!

● 陽光特展室

陽光？陽光！

位在一樓大廳旁的陽光特展室，是館內最明亮的展示廳，陽光自挑高三樓的玻璃帷幕淡淡的篩落下來，所有的作品都沐浴在金黃色的陽光中，漫步在陽光特展室，彷彿是一場藝術與自然無聲的對話。

● 陶藝長廊

　　位於地下一樓的陶藝長廊，因為緊臨提供美食的餐廳，也是遊客必賞的展廳之一。陶藝長廊定期開放展覽申請，是國內外陶藝新秀展示創作成果的分享空間。低調沉靜的氣氛中，充滿豐沛的創作能量。

學習陶藝趣

兒童體驗室

兒童體驗室是一個基於安全考量，針對四到八歲兒童設計的活動空間。期望藉由活動過程，讓兒童體驗陶土壓印、陶製樂器操作以及觀察陶燈等活動，使兒童親身用肢體接觸「土」，去發現「土」的各種可能性，經由體驗過程豐富對「土」的觸感經驗！

兒童體驗室分為：

1. 主題區：每月都有不同的主題，帶領小朋友體驗陶瓷相關的創作技巧。
2. 壓印區：由素燒陶版地板所構成，可自由運用陶版上各種圖案壓印或進行創作。
3. 陶燈區：大型且釉色鮮豔的陶燈，引導小朋友觀察與欣賞，並發想陶藝作品實用的可能。
4. 陶樂區：運用陶瓷做成各種不同造型的樂器，除觀賞外，也引導兒童動手操作。

壓印區。

陶樂區。

● 陶藝研習室

　　佔地150坪，分上下二樓層的陶藝研習室，提供完整的陶藝教學設備。

陶藝研習室提供民眾不同的體驗服務：

1. 陶瓷體驗DIY：每月針對8歲以上遊客規劃不同「動手做」活動，提供給參觀民眾接觸陶土的機會。並不定期舉辦「陶藝種子教師研習營」讓教師有機會認識陶博館的教育功能、學習教案教具的開發及瞭解陶瓷藝術文化。

2. 專業陶瓷研習：不定期舉辦國內外之陶藝工作營、研討會、陶藝研習班等專業陶藝課程，扮演國際陶藝交流平台，促進國際陶藝發展。

大型活動剪影

　　陶博館於每年重要節日或配合館內特展的推出，皆會為民眾舉辦各種歡慶活動，不論是富含教育意義的陶藝現場示範、甕藏青梅的教學體驗、花藝與花器搭配、茶與茶具的使用、青少年陶瓷體驗營等，或欣賞各項精采音樂、舞蹈、戲劇的表演，或刺激緊張的骨牌競賽等，或趣味的體驗遊戲等，皆別出心裁地在各種時節規劃不同的活動，歡迎民眾歡心參與，共享節慶喜悅。

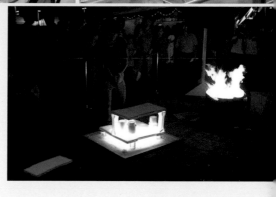

● 鶯歌國際陶瓷嘉年華

　　鶯歌國際陶瓷嘉年華是陶博館的年度
重頭戲、鶯歌鎮的重大活動，也是交通部
觀光局所指導的臺灣十二大型觀光節慶活
動之一。歷年來，鶯歌陶瓷嘉年華會的舉
辦，不僅帶動了鶯歌地區的活動凝聚力，
也藉由主題活動的規劃與國際陶藝的交
流，擴展臺灣陶瓷的領域，並吸引更多人
到鶯歌來玩陶、作陶、認識陶。

　　陶博館成立後，即接辦鶯歌民間社團
所舉辦的年度陶瓷嘉年華會，並改變過去
巨蛋商展特賣會的形式，而為主題性嘉年
華會，並於2001年起成為交通部觀光局輔
導的10月份「臺灣大型節慶」活動。歷屆
舉辦的主題包括2000年「陶瓷嘉年華」、
2001年「陶與花」、2002年「陶與飲食」、
2003年「陶與燈」、2004年「鶯歌製陶200
年」及2005年「陶與聲音」等，基本活動
內容包括主題展覽、舞台表演、動手做體
驗、陶藝現場示範、鶯歌窯場之旅、散步
鶯歌陶瓷老街及嘉年華風味餐等，以知
性、輕鬆的活動規劃，吸引觀光客認識陶
瓷、認識鶯歌。

　　其中，「主題展覽」與「陶藝現場示範」是嘉年華會的重點活動項目，展現陶瓷創意與傳統技法，讓觀眾一睹陶藝家精心之作，鑑賞當代幻化的陶藝世界！「動手做體驗」，是利用陶土規劃設計各項教育推廣活動與體驗，發揮陶瓷的不同面向，感受陶土自由捏塑的樂趣，讓你盡情發揮自由創意！

　　「散步鶯歌陶瓷老街」與「鶯歌窯場之旅」是三鶯之旅不可錯過的經典行程，完善的休閒觀光設施，加上用心經營的商家，將昔日外銷陶瓷重鎮妝點成豐富、精緻、創意的國際知名陶瓷城鎮，不但買得到、看得到國內外創新經典之作，更可參與各種陶瓷動手做課程，深入認識陶瓷的發展歷程，還有各式精品店家、傳統小吃與複合餐飲等，趣味、感性、知性的鶯歌，在嘉年華期間展露無遺。

　　此外，推出「三鶯假日文化巴士」帶您趴趴走，一票在手輕鬆暢遊三峽、鶯歌文化名勝景點，包括陶博館、陶瓷老街及後街、李梅樹紀念館、三峽老街、祖師廟、客家文化園區等，當日還可無限次乘坐文化巴士！到鶯歌，一下火車站或離開停車場，即可換乘「三鶯假日文化巴士」，車上導覽員將為您詳盡介紹賞玩三鶯的絕妙新撇步！

　　嘉年華活動範圍涵蓋陶博館、鶯歌鎮及週邊鄉鎮區域，每年均吸引30至50萬國內外觀光人次湧進鶯歌鎮，盛況空前，絕對值得您來此一遊！

鶯歌逛大街

窯廠之旅
體驗玩陶樂
藝廊饗宴
歡喜買陶趣
品飲風味餐

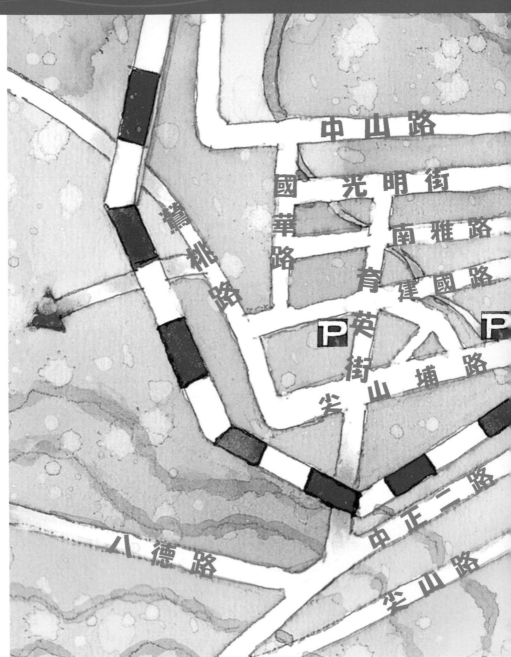

窯廠之旅

　　陶瓷器皿是如何生產出來的呢？從外形塑造到燒製完成需要多少過程與步驟呢？預約一趟窯廠之旅，讓鶯歌的師傅為您示範窯火是如何幻化器皿上的美麗彩妝。

臺華陶瓷有限公司

　　成立於1983年，以發揚「臺灣之光華」、提昇陶瓷表現境界為使命，所生產的高級陳設瓷器、精緻餐具聞名中外，更為總統府、外交部等國賓贈禮的重要窯廠之一。在鶯歌地區首創開放參觀製陶製程，並提供專業的導覽服務，深入介紹陶瓷文化，期待達到廣泛推廣之效。參觀陶瓷製程的同時，亦可在裝潢高雅的藝術中心欣賞藝術家的彩繪陶瓷作品，在舒適陶瓷展售中心瀏覽臺華窯工藝師的精心作品，以及由國內知名設計師所設計的國宴餐具等。

◎參觀內容：彩繪現場、窯燒過程、門市部與藝術中心，免費參觀與導覽
◎開放時間：週一至週六8:00~17:00
　　　　　　假日9:00~17:00
　　　　　　（可容納100人，需預約）
◎窯廠資訊：中正一路426~434號 (02)2678-0000
　　　　　　http://www.thp.com.tw
◎其他服務：國民旅遊卡、陶瓷展售與訂做、藝術家作品代理、陶瓷DIY教室及彩瓷創作空間（後二項需預約）
◎路線指引：三鶯文化巴士臺華窯站下車

燦綺窯業公司

燦綺窯成立40餘年，以生產陶瓷餐具、禮品、流水等為主，也接受客戶訂做戶外陶瓷景觀燒製（如臺北忠孝捷運站陶甕景觀燒製、蘆竹鄉婦幼館之遊子吟陶片與書法之燒製等）。參觀窯廠除了介紹拉坯成型外，尚有注漿成型、鏇坯成型、陶板成型，還有依客戶需求進行不同的成型方式等介紹。

◎參觀內容：陶瓷製作流程介紹
◎開放時間：週一至週六08:00~18:00
　　　　　　（可容納80人，需預約）
◎窯廠資訊：中正二路197號　(02)8677-5670
◎其他服務：陶瓷販售與訂作、玩陶體驗、定點陶藝
　　　　　　教學、作品燒製與寄送，參觀窯廠可代
　　　　　　客訂餐

傑作陶藝有限公司

傑作陶藝前身為合興陶器工廠，創立於1938年，其間曾多次轉租廠房予外人經營長達20餘年。1992年起以「傑作陶藝」之名重回市場，先以展示代理名家陶瓷作品為主，2004年起回收工廠自營，並成立設計小組，全力投入開發與生產行列。該公司保留了超過60年以上的煙囪，及1960年代窯廠規模可供參觀。團體預約參觀可安排陶瓷教育相關課程，針對外國友人另有「從陶瓷看中華文化」課程。

◎參觀內容：陶瓷製作流程導覽
◎開放時間：9:00~18:00（需預約）
◎窯廠資訊：中正一路379號　(02)2670-6136
　　　　　　http://www.excera.com.tw
◎其他服務：陶瓷展覽、陶瓷展售與訂做
◎路線指引：三鶯文化巴士傑作陶藝站下車

陶驛陶藝社

　　陶驛陶藝特別把日常使用的超耐熱砂堝的製作過程做完整呈現，也實地介紹高溫耐火土的由來及特性，還有注漿成型法的過程，參觀現場除了師傅實地操作外，也特別於現場示範手拉坯的基本步驟及裝窯、燒窯的過程，希望藉此能與民眾更進一步交流。

◎參觀內容：超耐熱砂鍋的製作過程，以及注漿、拉坯、裝窯等製程，並特開放給有興趣的民眾實地參與注漿的樂趣，歡迎免費報名參加
◎開放時間：9:00~18:00（可容納200人，需預約）
◎窯廠資訊：鶯桃路91巷17-14號 (02)2679-6674
　　　　　　http://www.taur.com.tw/
◎其他服務：國民旅遊卡、玩陶體驗、咖啡餐飲與下午茶、三鶯旅遊規劃、文化導覽，只要預約就可到火車站免費接送服務
◎路線指引：鶯桃路永新巷加油站進入300公尺即達

新太源轉寫印刷股份有限公司

　　新太源創立於1969年，為鶯歌第一家釉色花紙廠，秉持著精益求精的態度，30年來不斷地致力於研究開發，品質有口皆碑，備受國內外客戶肯定。釉色花紙適用於各式琺瑯、玻璃及陶瓷素材，貼於各式食器、器物表面上，經過窯燒的過程，讓花色與坯體融合，完美呈現。近年來更力求突破，應用於吸水杯墊、陶版畫的製作，將釉色花紙技術發揮至極致。

◎參觀內容：釉色花紙的製作工序與設計運用
◎開放時間：週一至週五9:00~16:00
　　　　　　（可容納200人，需預約）
◎窯廠資訊：鶯桃路永新巷15號 (02)2679-2134
◎路線指引：三鶯文化巴士新太源藝術工坊站下車

和成HCG

日治時期即創立的和成公司，是臺灣衛生陶瓷發展史的重要代表。創建於以陶瓷聞名的鶯歌地區，該廠擁有150公尺長的隧道窯，曾創下世界最長的紀錄，迄今已成為產銷全球的衛浴知名品牌，也是全國最大衛浴生產工廠，同時擁有全國最大衛浴展場及可容納百人的簡報室。華人流行歌手劉德華以一首「馬桶」歌曲風靡全球，為這個與你我最親近的陶瓷精品塑造嶄新的風貌。

近年來，和成公司推動「臺灣陶藝金陶獎」活動不餘遺力，鼓勵培養藝術陶瓷人才，並提升民眾藝術生活品質。在展場中可以欣賞到造形可愛的兒童馬桶，與結合先進奈米科技的省水馬桶，各式禪風、極簡風及奢華流行風的產品與空間設計，讓精緻衛浴陶瓷將生活與藝術融合為一。

來到這裡參訪的貴賓，除了可以親自體驗電腦免治馬桶座等為生活所帶來的健康、舒適與貼心的服務，更可以欣賞到世界最大、最薄的陶瓷板作品，瑰麗的「世大薄陶瓷板」。和成以精湛的工藝與藝術多方位視野，提供給觀眾驚豔不斷的體驗。

◎參觀內容：和成體驗館
◎開放時間：週一至週五8:00～17:00（需預約，20人以上團體免費參觀導覽）
◎窯廠資訊：桃園縣八德市大發里後庄1-2號
　　　　　　(03)：362-3105　Fax：(03)362-7213

體驗玩陶樂

　　來鶯歌，就要來一趟陶瓷動手做，才能真正和泥土相親、和大地相愛！各式各樣的陶瓷教學課程等您來體驗喔！

輕鬆畫陶坊

　　輕鬆畫陶坊提供您親子同樂與休閒的好去處。簡單準備一隻筆及一杯水就能作畫的輕鬆畫釉下彩，自上市以來價格合理，品質穩定的口碑，已經獲得許多陶藝教室及陶藝創作者的喜愛。在這裡，您可以放鬆自己，喝個精緻咖啡，讓您以輕鬆解放的心情隨著畫筆在素坏上揮灑彩繪，釉燒之後，成為值得紀念回味的不朽作品。

◎課程內容：提供上百種各式各樣的杯、盤、壺等，指導輕鬆彩繪釉下彩（高溫）顏料、釉下蠟筆（提供燒窯、作品寄送服務）
◎開放時間：9:00~17:00，團體請先預約（可容納70人，團體需預約）
◎店家資訊：文化路207號　(02)2670-8096
　　　　　　http://www.ezpaint.com.tw
◎其他服務：咖啡茶飲、素坏顏料訂製
◎路線指引：鶯歌火車站文化路出口後右轉，步行約2分鐘

楊莉莉青花工作室

　　由楊莉莉老師領導一群熱愛青花瓷的女藝術家共同組成的青花工作室，為推展青花瓷而努力，希望以平價的方式與對青花瓷有興趣的收藏家結緣。除了推薦青花瓷手繪創作品外，也提供青花瓷教學及遊客DIY體驗課程的服務。歡迎對青花瓷有興趣的同好、或想體驗青花彩繪的遊客，親身體驗青花彩繪文化的精緻美感。

◎課程內容：青花彩繪DIY教學（提供燒窯、作品寄送服務）
◎開放時間：週一至週五8:30~17:30
　　　　　　每週二、四開設教學課程
◎店家資訊：文化路155號　(02) 8677-8339
　　　　　　lilyblue888@yahoo.com.tw
◎其他服務：展售手繪青花瓷、青花服飾品等
◎路線指引：位於鶯歌火車站文化路出口左前方

老街驛站

　　老街驛站原址為生產電器陶瓷的窯場，老闆將紅磚砌成的老窯場改建而成，供應餐點飲料的溫馨飯館和玩陶教室，空間之大容納200人都沒問題。教室以手拉坯、捏陶教學為主，老師還會示範各種創意拉坯與變形的技巧，學員可以依樣畫葫蘆，創造自己的拉坯作品，最後老師還會協助上釉色與窯燒，作一個永久的紀念。

◎課程內容：手拉坯、玩陶等教學
　　　　　　（提供燒窯、作品寄送服務）
◎開放時間：10:00~20:00
　　　　　　（可容納100人，需預約）
◎店家資訊：尖山埔路48號　(02)2679-2144
◎其他服務：特色餐飲（可容納200人）
◎路線指引：三鶯文化巴士陶瓷老街站下車

宇宸陶藝工坊（新旺陶藝紀念館）

　　宇宸陶藝工坊以知性的、人文的心，現代的、創新的方式，傳承製陶技藝，推廣陶藝普及化，讓現代人一探陶瓷奧妙之旅！在寬敞明亮的教室及展示中心，讓您做陶、玩陶、賞陶、創藝，樂趣無窮！工坊提供的知性陶藝體驗之旅，首先由專人為您解說如何分辨陶與瓷的不同，包括陶瓷五大類別的辨識，鉅細靡遺的製作過程，引您一窺陶藝。

接下來，為您解說玩陶要領、製陶步驟，讓您也擁有創作的樂趣。最後再一起欣賞大家的作品，並設有獎問答，引發學陶的趣味，作品亦可經由老師修飾、燒製，永久保存紀念。

◎課程內容：手拉坯、捏陶、彩繪、手掌印、陶板、磁磚彩繪等教學
　　　　　　（提供燒窯、作品寄送服務）
◎開放時間：9:00~18:00
　　　　　　（可容納120人，團體需預約）
◎店家資訊：尖山埔路81號　(02)2678-9571
　　　　　　http://www.arts.com.tw/handwork/hsin-w.htm
◎其他服務：陶瓷藝品展售、早期製陶流程導覽、咖啡簡餐
◎路線指引：三鶯文化巴士陶瓷後街站下車

釉之華－活的陶瓷教育館

　　釉之華是由陶藝家黃永全在1985年於桃園成立，1999年遷移至陶瓷老街，除了延續以往的陶藝教學活動，更投入於鶯歌鄉土文化導覽、學校校外教學、親子活動或社團機關鶯歌一日遊的行程規劃與教育導覽等活動，並長期關懷中輟生、殘障人士及失智老人，及積極投入鶯歌社區營造的活動。釉之華為學子遊客所安排的活動包含體驗玩陶、窯場參觀及陶博館、文化古蹟導覽，以及享受釉之華風味餐和陶瓷老街賞陶等，體貼溫暖遊客的心。釉之華佔地130坪，規劃有玩陶區、休閒藝術餐飲區及作品展示區及視聽教室區、觀景區等，專業的陶藝師資與文化導覽員，將可讓您渡過知性、趣味、專業的陶瓷之旅。

```
◎課程內容：拉坯、捏塑、彩繪教學及陶瓷有獎問答
　　　　　　、學習單（提供燒窯、作品寄送服務）
◎開放時間：10:00~18:00
　　　　　　（可容納200人，團體需預約）
◎店家資訊：重慶街55號2樓 (02)8677-2547
　　　　　　http://www.ccv.org.tw/yingge
◎其他服務：鶯歌文化古蹟導覽服務、陶瓷展售、風
　　　　　　味餐
◎路線指引：三鶯文化巴士陶瓷老街站下車
```

龍軒陶藝工作室

　　龍軒陶藝主要教授陶藝的各種成型技法，雖然陶瓷是一門很深的學問，實際體驗過後會發現很容易駕輕就熟，相信您很快就能體會到當中的樂趣。玩陶可以訓練我們雙手的靈敏性，並可依個人需要，使用各種工具，做出唯妙唯肖的陶藝作品，除了可作為鶯歌采風之紀念外，亦可和親朋好友共享其樂。

```
◎課程內容：手拉坯、捏陶、彩繪、手掌印等陶藝教
　　　　　　學（提供燒窯、作品寄送服務）
◎開放時間：平日（週一~週五）14:00~17:00
　　　　　　假日9:00~19:00
　　　　　　（可容納200人，團體需預約）
◎店家資訊：重慶街62號2樓 (02)2679-2470
　　　　　　http://home.kimo.com.tw/long_xu
　　　　　　an2001/
◎其他服務：窯場免費參觀，需導覽服務請事先預約
◎路線指引：三鶯文化巴士陶瓷老街站下車
```

良之燒生活陶藝廣場

良之燒生活陶藝廣場，前身以鶯歌華興窯址生產磁磚為主，1980年轉型為外銷工廠，1990年至2000年深感鶯歌陶瓷老街除觀賞陶瓷外，也應讓遊客有休閒空間，因此廣場設有與陶藝有關的吃喝玩樂設施，保證讓遊客流連忘返。其中玩陶體驗課程隨時等您來，讓您隨時隨地創造自己的創意陶藝品。

◎課程內容：手拉坯、玩陶等教學
　　　　　　（提供燒窯、作品寄送服務）
◎開放時間：9:00~17:00
　　　　　　（可容納60人，團體需預約）
◎店家資訊：重慶街86號 (02)8677-1678
◎其他服務：陶瓷展售、簡餐咖啡等
◎路線指引：三鶯文化巴士陶瓷老街站下車

陶趣天堂玩陶教室

成立20多年的振興陶藝公司為推廣陶藝，於2000年成立陶趣大堂玩陶教室，邀請專人指導，希望讓更多人接觸、進而喜歡陶藝。由於振興陶藝以賣普洱茶、茶具和週邊商品為主，該教室除了捏陶、拉坯玩陶外，為推廣陶藝與茶藝的結合，還教學員製作手捏陶壺，並引導學員創意製作自己喜歡的陶瓷器品喔！

◎課程內容：手拉坯、捏陶教學
　　　　　　（提供燒窯、作品寄送服務）
◎開放時間：11:00~19:00
　　　　　　（可容納70人，團體需預約）
◎店家資訊：重慶街95號2樓 (02)2670-09157
◎其他服務：窯場免費參觀（需預約）
◎路線指引：三鶯文化巴士陶瓷老街站下車

陶驛陶藝社

「藝術品不應該是遙不可及，而是垂手可得、貼近生活。」陶驛陶藝有群熱愛陶瓷的年輕人，在這樣的理念堅持下，於傳統的鶯歌老鎮，成立了以古樸的陶瓷、精緻餐飲、藝術展場、拉坯教學構成的「生活陶」空間。藝術唯有與生活結合時，才是真正的藝術。陶驛陶藝社提供各種體驗DIY與專業研習課程，讓遊客或想更深入學習者，一個專業的空間。

◎課程內容：拉坯、捏陶、彩繪、陶藝DIY、創意拼貼
　　　　　　等各項課程（提供燒窯、作品寄送服務）
◎開放時間：9:00~18:00（可容納200人，團體需預約）
◎窯廠資訊：鶯桃路91巷17-14號 (02)2679-6674
　　　　　　http://www.taur.com.tw/
◎其他服務：窯廠參觀、咖啡餐飲與下午茶、文化導
　　　　　　覽、旅遊規劃，只要預約就可到火車站
　　　　　　免費接送服務
◎路線指引：永新巷加油站進入300公尺即達

新太源藝術工坊

成立於1969年的「新太源轉寫印刷股份有限公司」，具備30年以上內外銷陶瓷及玻璃專用花紙工廠的經驗，有感於陶瓷文化傳承的重要性，特於2004年11月20日成立「新太源藝術工坊」，為鶯歌的文化知性之旅增添新氣象。該工坊佔地600坪，外觀採巴洛克式建築，並有象徵窯廠的煙囪及鶯歌地標「鶯歌石」的馬賽克大型壁畫，以及大廳有3根純手工由轉寫紙及馬賽克瓷磚燒製而成的仿古名畫圓柱，作為鶯歌陶瓷文化發展的紀錄。工坊內提供陶藝手拉坯、彩繪吸水杯墊、馬賽克、陶笛等DIY教學，以及陶瓷文化之旅導覽服務，此外還不定期舉辦藝術品展覽及提供精心調配餐飲，讓您吃喝玩樂盡在新太源。

◎課程內容：手拉坯、彩繪吸水杯墊、馬賽克、陶笛等DIY教學（提供燒窯、作品寄送服務）
◎開放時間：9:00~18:00
　　　　　　（可容納200人，團體需預約）
◎店家資訊：鶯桃路永新巷10號 (02)8677-2525
　　　　　　http://www.sty-art.com.tw
◎其他服務：藝術展售、風味餐、釉色轉寫花紙廠免費參觀（需預約）
◎路線指引：三鶯文化巴士新太源藝術工坊站下車

小土藝術工坊

馬賽克（Mosaic）原意是由各種顏色小石子組成的圖案，又稱「碎錦畫」、「鑲嵌細工」，最早起源於美索不達米亞一帶，尤以希臘、羅馬地區最盛行，發展至今已有幾千年。磁磚在臺灣一向是應用於建築業上，3公分以下的彩色磁磚多用來拼圖，因此也把這種磁磚叫馬賽克。小土藝術工坊因家業生產磁磚數十年，為推廣磁磚鑲嵌藝術與創意運用，將馬賽克磁磚耐熱、耐磨、色彩豐富等特性，融入生活每個角落，希望能激發大眾的創意，美化每個人的居家環境，簡單就能擁有獨一無二的生活藝術品。

◎課程內容：馬賽克創意DIY
◎開放時間：週一～週五10:00~18:00
　　　　　　　　　　　 12:00~13:30休息
　　　　　　假日開放（六）13:00~17:00
　　　　　　需預約（可容納10人）
◎店家資訊：永明街72號 (02)2670-1096
◎其他服務：商品寄送、到校教學、馬賽克材料販售、教師研習

鶯歌陶藝事業玩陶教室

因有感於鄉土文化式微、藝術沒落，憑著對鄉土文化藝術的喜愛，以及長達10年的社會教育推廣經驗，而開設玩陶教室，推廣陶瓷文化。同時，為提倡鄉土文教及配合九年一貫教學，特別舉辦鶯歌陶藝之美研習，至今造訪人數超過萬人，以寓教於樂的方式，從動手體驗陶瓷到鶯歌文化采風導覽活動，讓陶瓷文化深植學子心中。

```
◎課程內容：手拉坯、彩繪、陶版、藍染、陶笛吹奏
         等教學（提供燒窯、作品寄送服務）
◎開放時間：9:00~17:00
         （可容納120人，團體需預約）
◎店家資訊：中正一路303號 (02)2678-3273
◎其他服務：鄉土文化導覽、校外教學、教師陶藝研
         習及到府定點教學等
◎路線指引：三鶯文化巴士傑作陶藝站下，在往前3
         分鐘
```

臺華陶瓷有限公司

成立於1983年的的臺華窯，在1990年代初期，即開設陶藝教室，接受學校機關等團體預約陶瓷體驗課程，課程內容包括各種製陶過程的示範與體驗、陶瓷文化賞析等，特別的是提供各式各樣的生活器皿素坯以及豐富的釉色，教學員自己輕鬆彩繪，創作自己的生活器皿。此外，也開創彩瓷創作空間，讓對陶瓷彩繪有興趣的藝術家，一起來創造更有魅力的陶瓷創作，歡迎有興趣藝術家與窯場聯繫。

```
◎課程內容：彩繪DIY、手拉坯等
         教學（提供燒窯、
         作品寄送服務）
◎開放時間：週一至週六
         8:00~17:30
         週日及假日
         9:00~17:30
         （可容納100人，團
         體需預約）
◎店家資訊：中正一路426-434號
         (02)2678-0000
         http://www.thp.c
         om.tw
◎其他服務：國民旅遊卡、陶瓷
         展售與訂作、窯場
         參觀、藝術展覽等
◎路線指引：三鶯文化巴士臺華
         窯站下車
```

藝廊饗宴

覺得生活一層不變、了無創意了嗎？來一趟陶藝之旅吧！在陶藝家藝術風格中，探尋創意的思維、美學的身影與生命的悸動，補充美好生活的能量。

陶藝家的店展覽館

1994年成立，陶藝家的店始終秉持「純粹」與「創意」的理念，深耕陶藝。所謂「純粹」，是以乾淨的空間取代商業化的包裝手法，呈現作品的原貌，讓藝術品有自己發言的空間，獨留真實的作品與觀賞者對話；「創意」是陶藝家的店與藝術創作者之間合作的動力，對自身的要求，更是傳達作品意象的手段。陶藝家的店與臺灣當代獨具個人創作風格的藝術家共同合作，以創意為主軸，

◎店家資訊：文化路114號 (02)2679-8629
　　　　　　http://blog.webs-tv.net/ceramists-
　　　　　　gallery
◎營業時間：11:00~19:00；周一休館
　　　　　　（週一預約專線 (02)2677-4829）
◎其他服務：作品寄送、景觀陶設計與製作、專案設計與製作（禮品、餐具等）、玻璃與金工創作
◎路線指引：鶯歌火車站文化路出口後右轉，步行約8分鐘

創作藝術陶與設計生活陶，於是陶藝家的店在富有人文藝術氛圍的鶯歌，設立兩間風格截然不同的展覽館與生活館。位於文化路上的展覽館，主要傳達概念性創作及非實用性作品，不定期舉辦展覽、發表會、駐村創作成果分享，希冀打造藝文展覽空間，為藝術創作者與收藏家提供展演與收藏的平台，歡迎您一同參與這場視覺與心靈的藝術饗宴。

長春藤藝術空間

秉持著「專業經營、理念明確、品味絕對」的理念，徵集臺灣本土藝術家作品，舉辦展覽、代理買賣、活動策劃、藝術諮詢等。展出代理之藝術品包括佛像雕塑、現代雕塑、油畫、水彩畫、陶版畫、版畫、書

法、花器、茶具、茶碗、陶藝、柴燒等。可以不定期地欣賞到各個藝術家的作品，同時也有機會和這些藝術家進行面對面的會談，了解藝術創作的甘與苦。

◎店家資訊：文化路138-2號 (02)8677-8730
◎營業時間：11:00~19:00
◎其他服務：藝術展覽、展覽規劃、新作發表與講座
◎路線指引：鶯歌火車站文化路出口後右轉，步行約10分鐘

Deco Plaay造居

　　不定期邀集臺灣生活陶創作者舉辦個展，再搭配從國外帶回的布織品與生活配飾，以及字畫等其他創作小品，透過精心的陳列，為您示範陶藝在居家空間中的創意搭配，歡迎您前來選購適合自己家居風格的生活配飾，創造個人獨特的居家風格。

◎店家資訊：文化路369號
　　　　　　(02)2677-1841
◎營業時間：10:30~18:30；
　　　　　　週一休息
◎其他服務：陶瓷字畫等販售
◎路線指引：鶯歌火車站文化
　　　　　　路出口後右轉，
　　　　　　步行約10分鐘

焱薪柴燒

　　國內唯一柴燒陶藝藝廊，專為推動傳統柴燒陶藝與介紹轉變中的新技術而成立，展示與介紹國內專業柴燒陶藝家及其作品、柴窯等。作品多為實用陶藝品，包括兩種類型柴燒方式：上釉及不上釉，並規劃於不同季節推出季節性實用作品。代理藝術家包括葉文、張膺康、徐興隆、陳民富、陳信价、陳光國、楊喜美等。藝廊內設有示範區，老闆會現場示範拉坯、解說柴燒特色，歡迎預約示範導覽。

◎店家資訊：文化路373號 (02)8677-4738
◎營業時間：9:00~21:00
◎其他服務：日韓語導覽、商品寄送
◎路線指引：鶯歌火車站文化路出口後右轉，步行約
　　　　　　10分鐘

陶華灼創作館與展覽館

　　陶華灼是一家經營臺灣陶藝家為主的陶瓷藝廊及專門店，自1998年創立迄今先後成立了生活館、創作館、展覽館及典藏館四家門市，而經營的內容也從陶藝創作品，到瓷器典藏品、銅雕作品以及複合媒材創作等類別。一樓為創作館，推薦陶藝家獨一無二的創作品及生活陶作品，以及藝術家的銅雕作品、複合媒材創作等。簡樸的展示空間，可以讓人暫時拋開煩惱，輕鬆地來趟藝術的饗宴。代理作者包括章格銘、張永昇、楊宏仁、蔡尉成、吳偉丞、連炳龍、洪瑩琪、阿等、郭清奇等人。位於二樓的展覽館，定期舉辦藝術家個展及聯展，以簡潔的空間、靜謐的氛圍，讓參觀者沉澱心情，享受藝術的洗

禮，代理作者包括陳正川、劉世平、連炳龍、張素、簡銘炤、吳偉丞、章格銘、陳永釧、蔡尉丞、廖述乾等人。

◎店家資訊：尖山埔路70號 (02)2677-1191
◎營業時間：週一至週五10:30~19:00；
　　　　　　假日10:00~19:00
◎其他服務：商品寄送
◎路線指引：三鶯文化巴士陶瓷老街站下車

金玉滿堂陶瓷工房

　　來到金玉滿堂陶瓷工房就能欣賞到現代陶藝名家吳讓農、范振金、張繼陶的經典作品，溫馨的會場、滿滿的人文藝術氣息，讓人有如沐浴春風般的歡欣，慢慢欣賞作品。除陶瓷創作品外，亦展示珍貴的臺灣碧玉、知名雕塑家張昇以及江石德的銅雕作品。

◎店家資訊：尖山埔路88號 (02)86775864
　　　　　　http://www.ccv.org.tw/888/
◎營業時間：10:00~19:00
◎其他服務：商品寄送
◎路線指引：三鶯文化巴士陶瓷老街站下車

富貴陶園—富貴館、老街二館

富貴陶園聚集了許多私人工作室的創作作家，一同為陶藝、雕塑創作延展了新的舞台。藝術收藏的實質是在生活質感置入美的事物，只要願花費些時間和心力去瞭解、投入；藉著所收藏的珍寶，用另一種心態，另一種角度來欣賞融入藝術的生活，那才是生活境界的提升，也是真正得到藝術收藏的投資報酬。心靈在追求成長的過程中，一種想法、一些原始的撼動，往往在不經意的時候最直接地填補了心靈的空缺。富貴館共170坪展區，包含常設展覽區、定期特展區；老街二館共110坪展區，包含生活陶藝展區、「小雨的兒子」服飾專櫃及定期特展區。

◎店家資訊：富貴館—重慶街96-98號
　　　　　　(02)2670-3999
　　　　　　老街二館—陶瓷街11-13號
　　　　　　(02)2679-6903
　　　　　　http://www.fugui.idv.tw
◎營業時間：10:30~20:00
◎其他服務：藝術展覽、精緻餐飲
◎路線指引：三鶯文化巴士陶瓷老街站下車

臺華陶瓷有限公司

成立於1983年的臺華窯，為能提供彩繪陶瓷創作的展示空間，以及讓大眾欣賞的機會，特別於1999年成立藝術中心，每月定期邀請如鄭善禧、戚維義、韓舞麟、陳士侯、陳久泉、蕭進興、高義瑝、郭博州、張克齊、洪仲毅等藝術家，展出個人創作與彩繪陶瓷作品，讓更多人認識藝術家與窯廠之間的創意結合，以及藝術活動所創造的新表現形式與內容。創意能夠無遠弗屆，關鍵在於專業與專業的結合，歡迎大家前來欣賞藝術家在陶瓷上的創新與用心。

◎店家資訊：中正一路426-434號 (02)2678-0000
　　　　　　http://www.thp.com.tw
◎營業時間：週一至週六8:00~18:00
　　　　　　週日及假日9:00~18:00
◎其他服務：國民旅遊卡、陶瓷展售與訂作、窯場參觀、玩陶體驗等
◎路線指引：三鶯文化巴士臺華窯站下車

歡喜買陶趣

到鶯歌，不論是購買陶瓷或者見證臺灣陶瓷發展，一定要走訪鶯歌的文化老街（文化路、中正二路）、陶瓷老街（尖山埔路、重慶街、育英街等）、批發街（中山路、中正一路等），這裡宛如一座歡樂的陶樂園，別具特色的精緻藝術中心、大宗餐具專賣店，還有經營好幾代的老鶯歌陶瓷世家及工廠直營商店，讓你隨時看得到生活中各類陶瓷器，也隨處可與藝術相對話，是文化、休閒、購物的好地方。

● 文化老街（文化路、中正二路）

陽明陶藝

陽明陶藝企業有限公司成立於1986年，以生產仿古及浮彩陶瓷為主。該公司鑑於繼承道統之成果，加上當今科技的配合，突破與提昇了加彩陶藝，使加彩陶繪可達1公分左右的厚度，讓紋飾圖案更有立體感、更加玲瓏有緻，看似雕刻，又較雕刻的作品更為圓融，創新了彩繪陶瓷的新境界，因此給予「浮彩」美稱，此製法1988年榮獲經濟部中央標準局發明專利。2003年在鶯歌火車站2樓成立門市部，介紹浮彩作品以及各類精緻陶瓷與生活陶器，與大眾分享陶瓷之美。

◎店家資訊：文化路68-1號2樓 (02)8677-5746
◎營業時間：10:00~19:00
◎其他服務：陶瓷展售與訂做、餐飲午茶
◎路線指引：位於鶯歌火車站2樓

陳年陶藝坊

陳年陶藝坊位於鶯歌火車站旁，交通十分便利，店裡所陳設的都是老闆自己開發設計的手工生活陶器，包括茶具、花器、流水等，種類繁多，風格典雅淳樸。店裡另有拉坏和玩陶的空間，歡迎有興趣的同好或想體驗的遊客一起來體驗拉坏玩陶的樂趣。

◎店家資訊：文化路72-9號 (02)2677-7066
◎營業時間：10:00~18:00
◎其他服務：陶瓷品展售訂做批發、手拉坏等玩陶體驗
◎路線指引：鶯歌火車站文化路出口後右轉，步行約1分鐘。

清寶窯

想要讓自己心愛的植物有一個美麗的家，或者想要一盆青翠、新鮮的陶瓷盆栽嗎？不妨走進清寶窯，參觀主人為您準備的各式精緻盆栽與花器。清寶窯早期以內外銷蘭花陶瓷盆器為主，現今以生產花器盆栽類產品為主，尚有各式流水、花瓶、茶具、宗教用品、陶香瓶等，亦接受各式陶藝品專業設計、代工與製造，及彩繪與手工雕刻陶藝品等，門市亦展售各式植物、種子批發零售，歡迎蒞臨參觀。

◎店家資訊：文化路72-11號 (02)26775816
◎營業時間：10:00~19:00
◎其他服務：陶瓷藝品展售訂作批發
◎路線指引：鶯歌火車站文化路出口後右轉，步行約1分鐘

娃娃的IDEA——
馬賽克材料專賣店

該店販售各式多彩的磁磚馬賽克、玻璃馬賽克、3~6mm琉璃珠，以及各種木質相框、托盤、小盒等生活飾用品，讓您只需一般樹脂，即可輕鬆創作自己的馬賽克作品，同時提供遊客DIY專區（可容納28人），由專人示範指導，不需等待，當日即可完成作品帶回家，送人自用兩相宜。

◎開放時間：週一至週五11:00~20:00
　　　　　　週六、日10:00~20:00
　　　　　　無須預約
◎店家資訊：文化路118號　0915-768228
◎其他服務：商品寄送
◎路線指引：鶯歌火車站文化路出口後右轉，步行約8分鐘

臺華窯三館─典藏空間

　　「典藏空間」是臺華窯於2005年成立的頂級精緻藝術空間，以展示陶瓷、雕塑、書畫等當代精緻頂級藝術珍品。臺華窯相信「決定空間，在時間之間；決定自在，在自許之前；決定希望，在宿願之後。」用心、真心的創作，一定可以感動渴求藝術的心靈。歡迎您親臨參觀。

◎店家資訊：文化路124號 (02)2677-4000
　　　　　　http://www.thp.com.tw
◎營業時間：9:30~18:30
◎其他服務：國民旅遊卡、作品寄送、貴賓咖啡招待
◎路線指引：火車站文化路出口後右轉，步行約8分鐘

風清堂（駿騰藝品有限公司）

　　風清堂創立於1987年，專營茶藝器具及藝術陶瓷的開發生產，從專業的、藝術的、生活的角度，不斷用心提供大眾細緻風雅的生活陶瓷及品茗清心的精緻茶器，產品藝術化、價格大眾化是風情堂理想。歡迎有閒時來坐一坐，熱情的老闆會泡壺好茶與您分享。

◎店家資訊：文化路253號 (02)2678-8155
◎營業時間：9:00~18:00
◎其他服務：陶瓷藝品零售與批發，商品寄送
◎路線指引：鶯歌火車站文化路出口右轉，步行約5分鐘。

陶芝林藝坊

陶芝林藝坊是一家溫馨、細緻、有創意的陶瓷生活雜舖店，為了將陶藝融入生活中，老闆經常往返日本，收購各類典雅且高貴不貴的布品、竹製品、木製品、籐製品、石雕作品、古董民藝等，與陶藝品一同展示陳列，讓店內各類生活陶呈現呈現更多樣的風貌，讓客人在參觀選購時，能得到許多佈置家居的點子。

◎店家資訊：中正二路16號1樓 (02)2677-4243
◎營業時間：11:00~19:00
◎其他服務：商品寄送服務
◎路線指引：鶯歌火車站文化路出口右轉，步行約8分鐘右轉至中正二路

西湖陶坊

西湖陶坊以販售生活陶瓷為主，收藏多位名家的作品，包括羅榮雙、張永昌、李存仁、陳元至、陳元福、李秋吉、凸川子、邵椋揚、郭聰仁、林明進、陳明謙、涂慶賀等，同時專營油滴茶碗系列，推廣具藝術性、風格明確、釉色精湛的生活陶瓷品。歡迎喜好陶瓷的愛好者，不吝賜教，到西湖陶坊喝杯好茶。

◎店家資訊：文化路339號 (02)2670-7103
◎營業時間：10:00~20:00
◎其他服務：國民旅遊卡、商品寄送
◎路線指引：鶯歌火車站文化路出口右轉，步行約8分鐘。

阿丹的店

　　成立於2001年，展售阿丹研發創作的各類陶版畫與生活陶瓷品，如阿丹親自彩繪的寫意陶瓷畫、寫實陶瓷畫，以及特有的玫瑰冰裂釉瓷杯等，希望以此廣結善緣與有緣人交流分享。

◎店家資訊：文化路349號　0955-51632
◎營業時間：11:30~18:00
◎其他服務：商品寄送
◎路線指引：鶯歌火車站文化路出口右轉，步行約8分鐘。

山櫻桃

　　山櫻桃以簡單純粹的空間，將各方獨特想像的創作品呈現，不限定以陶藝為主，因為創意在每種材質所表現出的精神才是趣味。而不受限的創作才能保持客觀且激進的心理，也才能讓作者、消費者做有效的傳導。主要展售的陶藝創作包括王文德梨枝灰釉系列、周妙文陶藝創作，同時亦展示新設計鐵絲燈籠、傢俬及創意設計飾品等。

◎店家資訊：文化路359號 (02)2677-1084
◎營業時間：10:30~19:00
◎其他服務：商品寄送、空間設計規劃
◎路線指引：鶯歌火車站文化路出口右轉，步行約8分鐘。

陶作坊

陶作坊以一系列完整陶瓷茶器具的生產與販售為主，產品類別多樣齊全，強調創新與實用兼具，風格多元獨特，能滿足您對茶道的品味與堅持。陶作坊成立於1983年，投入於茶具的開發已超過20年，對茶器具有一套完整的架構，對品質也有一定的要求與創新，因而揚名於國內外，歡迎您前來鑑賞。

◎店家資訊：文化路142號 (02)8677-3486
◎營業時間：10:00~20:00
◎其他服務：商品寄送，另有展售竹製品、藝品、流水等
◎路線指引：鶯歌火車站文化路出口後右轉，步行約10分鐘

鶯歌廠商聯合陶市

為發展鶯歌陶藝，帶動觀光文化並協調廠家，發展「廠」、「展」合一營運，讓旅客更能了解陶藝文化。該陶市集合上百家優良廠家，產品豐富，內容繁眾。主要展品包括各式陶瓷藝術品、水晶、天珠、茶藝等週邊各項服務。

◎店家資訊：中正一路62巷42號 (02)2678-5020
◎營業時間：9:00~19:00；週二公休
◎其他服務：陶瓷與相關週邊產品販售、窯場參觀、玩陶體驗等。
◎路線指引：鶯歌火車站建國路出口處，左前方10公尺

鶯歌觀光陶市

集合多元風格的陶瓷、琉璃、皮雕、木雕等藝品，讓遊客在賞心悅目的空間與氣氛下，輕鬆瀏覽各種物美價廉的手工藝，並一次買個夠。本店貨源充足，歡迎來此尋寶，一起享受鶯歌購物天堂的樂趣。

◎店家資訊：建國路57號 (02)2678-2980
◎營業時間：9:00~19:00
◎其他服務：國民旅遊卡、商品寄送
◎路線指引：鶯歌火車站建國路出口，左前方10公尺

陶瓷老街（尖山埔路、重慶街、育英街等）

一間陶

　　滿屋精緻的陶藝品，強調創新、巧思與實用的生活陶品，如餐具組、茶具組、容器、花器、壁飾、時鐘、小飾品等等，以年輕化與流行感的風格走向為主，給人帶來滿心的喜悅。

◎店家資訊：尖山埔路7號 (02)2678-3850
◎營業時間：10:00~18:00；假日10:30~18:30
　　　　　　週二公休
◎其他服務：國民旅遊卡
◎路線指引：三鶯文化巴士陶瓷老街站下車

禮享陶坊

　　禮享陶坊為生產與販售茶壺及週邊用品的專門店，曾為亞細亞航空公司推薦日本觀光客購物據點之一，足以證明該店的品質以及臺灣茶壺的國際知名度。禮享陶坊的經典

作品包括藏龍杯、陶憶杯（可刻字訂作）、瓷花系列（榮獲國立臺灣工藝研究所陶最造型獎）、琉璃耳合歡對杯、微雕系列、漆茶器、古逸壺、玄中壺、巧中壺專利茶壺（榮獲陶博館第一屆金質獎產業組優選）、動物造型按摩杯、360度玄機噴水壺，還有多位製壺名家的作品，以及大禾竹工廠出品的竹器系列等，深獲好評，送禮自用皆適宜。

◎店家資訊：尖山埔路10號 (02)8677-4330
◎營業時間：11:00~18:00
◎其他服務：國民旅遊卡、商品寄送
◎路線指引：三鶯文化巴士陶瓷老街站下車

易陶居精瓷藝品店

　　易陶居以展售臺灣陶藝家之手工、窯燒創作品為主，特色為呈現陶瓷經過高溫還原或窯變的特殊美感，也有畫家、書法家以真跡或畫或刻寫在坯體上，再高溫燒製完成的瓷畫作品，代表作家有郭聰仁、沈傳楨、鄭佳發、余維和、劉鳳翔、曾玉珮等。此外，亦販售結合生活實用與藝術的小作品如杯、碗、盤、壺、花瓶、小人偶、小動物等，多為單一或限量作品，滿足藝術生活化、生活藝術化的追求。易陶居的作品除了兼具藝術美感與收藏保值價值外，也是最佳送禮選擇，特殊而美好的陶藝品絕對讓您有物超所值的感覺。

◎店家資訊：尖山埔路22號　(02)2678-5032
◎營業時間：11:00~21:00
◎其他服務：商品寄送
◎路線指引：三鶯文化巴士陶瓷老街站下車

◎店家資訊：尖山埔路27號　(02)8678-1600
　　　　　　http://www.thp.com.tw
◎營業時間：9:00~19:00
◎其他服務：國民旅遊卡、商品寄送
◎路線指引：三鶯文化巴士陶瓷老街站下

臺華窯二館─臺灣風華館

　　臺華窯「臺灣風華館」成於2005年，一樓以展示當代名家作品為主，二樓為臺華窯精緻陶瓷、國賓禮品、國宴餐具等，三樓則不定時舉辦藝術家個展。「臺灣風華館」堅持於天地拿捏，自在於時空比重，化作如畫的美瓷、如虹的彩釉，工筆乾坤、揮灑宇宙，靜默自在的呈現臺華精緻工藝風華。

吉洲窯

　　吉洲窯由許朝宗在1975年創立，最早以生產外銷仿古花瓶開始，1995年起突破創新技法，表現傳統新意，屢獲國內各類獎項。位於陶瓷老街上的門市部，展示歷年來許朝宗的得獎作品，各式或富麗高貴、或金銀碧彩、或樸拙大氣的瓶形作品，值得您細細品味。

◎店家資訊：尖山埔路37號　(02)2678-2591
◎營業時間：10:00~19:00
◎其他服務：國民旅遊卡、商品寄送
◎路線指引：三鶯文化巴士陶瓷老街站下車

采興陶藝

采興創立於1998年，為了營造如家一般的感覺，老闆特別將老家窯廠拆除下來的杉木，請設計師和三峽祖師廟退休的木雕師傅共同構思，一起營造溫馨樸實的環境。店內所陳列的商品皆是老闆精挑細選的特色單品，包括手工陶藝品、手工家具、東方風珠寶、手染服飾等，還不斷地與顧客溝通互動，嘗試開發新產品與品項，讓客人每次來都能發現新的創意，感受老闆獨特細膩的經營理念。

◎店家資訊：尖山埔路40號 (02)2677-6318
◎營業時間：平日11:00~19:00；假日10:00~20:00
◎其他服務：國民旅遊卡、商品寄送
◎路線指引：三鶯文化巴士陶瓷老街站下車

是誠陶笛

是誠陶笛突破傳統陶笛的限制，開發各式多音陶笛，包括10、12、13…16度音階陶笛，滿足您創造音樂的渴望，讓您擁有更豐富的音樂饗宴。買陶笛還送歌本，並有現場教學，另有販售陶笛CD、保護套等，讓您完全沉浸在陶笛美妙的旋律中。

◎店家資訊：尖山埔路42號 (02)2679-6652
◎營業時間：10:00~17:00
◎其他服務：歌本販售、現場教學
◎路線指引：三鶯文化巴士陶瓷老街站下車

陶華灼典藏館

典藏館以瓷器典藏、陶藝創作、銅雕創作、禮品展售為主，其寬敞優雅的展示空間，陳列豐富精美的陶瓷精品，令人讚嘆陶瓷工藝的精湛，代理作者包括蔡曉芳、蔡永志、蔡尉成、廖述乾、張永能等人。

◎店家資訊：尖山埔路45號 (02) 2678-9698
◎營業時間：週一至週五10:30~19:00
　　　　　　週六、日10:00~19:00
◎其他服務：商品寄送
◎路線指引：三鶯文化巴士陶瓷老街站下車

手築窯陶坊

手築窯陶坊創立已3年多，主要以盆栽搭配花器、再與自然的飄流木結合成為一系列的景觀。主要特色產品如手提花器，不同於傳統的手拉坏與型式化的造型，可以欣賞陶藝家藉由手指的律動傳達賦予花器的生命；另有各種奇特造形的飄流木，令人讚嘆大自然的奧妙。歡迎前來觀賞饒富生意的陶與自然合奏曲。

◎店家資訊：尖山埔路46號 (02)2679-3096
◎營業時間：10:00~19:00
◎其他服務：商品寄送
◎路線指引：三鶯文化巴士陶瓷老街站下車

田有藝術

　　田有藝術以展售生活實用陶瓷器為主，包括招財流水系列、各類插花器皿及陶藝家精緻創作的作品，風格清晰典雅、實用、美觀，豐富的商品令人賞心悦目，徹底滿足您對美的需求。有空到鶯歌旅遊，別忘走一趟田有藝術，絕對讓您收穫多多，更為您的生活帶來更多的驚喜與感動喔！

◎店家資訊：尖山埔路53號 (02) 2678-9822
　　　　　　http://www.tenir.com.tw/
◎營業時間：10:00~19:00
◎其他服務：國民旅遊卡、商品寄送
◎路線指引：三鶯文化巴士陶瓷老街站下車

安達窯旗鑑店

　　安達窯成立於1976年，1986年停止代工，全心投入設計與研發，以重質不重量的原則讓陶瓷生活化，使陶瓷展現臺灣特有的生命本質。主要展售的產品為青瓷生活器皿，包括餐具、茶具、花器與生活小品等，都是窯主經過多年的探索研發，突破生產瓶頸所開創的新風格。其次為窯主精心研發的各種系列作品，件件質地優良、典雅細膩，還有不少手繪作品以及具現代風格的創作，主題多以臺灣特有生態為主，如臺灣梅花鹿、櫻花鉤吻鮭、黑面琵鷺、蝴蝶等，展現臺灣的真善美，這些都是禮贈或收藏的最佳選擇，並且蒙外交部的抬愛選為外賓所用之器，亦承蒙總統府所用贈於外賓。還有數十位陶藝創作者的生活陶與創作品等。

◎店家資訊：尖山埔路54號 (02)2678-9301
　　　　　　http://www.atchina.com.tw
◎營業時間：10:30~19:30
◎其他服務：國民旅遊卡、商品寄送
◎路線指引：三鶯文化巴士陶瓷老街站下車

◎店家資訊：尖山埔路59號 (02) 2679-7178
◎營業時間：11:00~21:00
◎其他服務：國民旅遊卡、日語解說
◎路線指引：三鶯文化巴士陶瓷老街站下車

鎮勝陶藝茶坊

　　「誠信、專業、品質、價實」是該店唯一宗旨，店長堅持以茶會四方客友。茶與壺本一家，茶與壺息息相關，特定茶需用特定壺來泡，而特定的壺當然就有最適合的茶，為此，正統臺灣高山茶、雲南養身普洱茶、臺灣名作家茶壺、宜興早期紫砂壺等，都是該店積極推薦的經典產品。歡迎各位同好來參觀，交流茶葉與茶壺的訊息。

雷窯精品舍

雷窯位於陶瓷老街上一家有百年老木門的地方，為了將陶瓷藝術生活化、生活藝術化，並以結合文字之美為特色，主要展售的作品包括各種別具特色的茶碗、茶壺、以刀代筆刻寫經文詩詞的各式陶甕、抽象與寫實並具的雕塑以及東方禪味濃厚的字畫等，而且都是個人品味單件作品，以實用、把玩、收藏為訴求，讓人在工作閒暇之餘，能怡情養性，玩泥在心，與大自然融合一起。

◎店家資訊：尖山埔路64號 (02)2670-9711
◎營業時間：11:00~20:00
◎其他服務：國民旅遊卡、商品寄送、訂製陶品
◎路線指引：三鶯文化巴士陶瓷老街站下車

◎店家資訊：尖山埔路64號 (02)2670-9711
◎營業時間：11:00~20:00
◎其他服務：國民旅遊卡、商品寄送、訂製陶品
◎路線指引：三鶯文化巴士陶瓷老街站下車

壺意坊

生產茶具超過30年的鶯歌窯廠煥臣陶磁藝術公司，不斷地開發新造形、新材質與新功能的茶具套組，為能更親近消費者、了解消費者的需求，2006年於陶瓷老街上開設壺意坊，提供一個專業的空間，讓更多愛好茶具的人在這裡知道更多茶具的常識、買到更好的茶具。近年來煥臣開發了更為堅實、安全的茶具組，包含琉璃與陶、漆藝與陶的結合，以及更衛生安全的無鉛奈米技術等，都可以在壺意坊參觀選購。

安達窯─賞陶雅集

安達窯賞陶雅集主要展售的產品為青瓷與定窯生活器皿，包括餐具、茶具、花器與生活小品等，這是窯主經過多年的探索研發，突破生產瓶頸所開創的新風格。還有生活創意陶藝品，如香爐、花器等；新釉藥系列作品，如羊脂白玉釉、蜜釉、美的冒泡等釉色燒製的茶具、花器及水滴等；還有多位名家創作的手捏陶、雕塑陶等。此外還有窯主精心研發的各種系列作品，件件質地優良、典雅細膩，還有不少手繪作品以及具現代風格的創作品產品。

◎店家資訊：尖山埔路71號 (02)2670-7440
◎營業時間：10:30~19:30
◎其他服務：國民旅遊卡、商品寄送
◎路線指引：三鶯文化巴士陶瓷老街站下車

新旺陶藝紀念館

　　1995年成立的新旺陶藝紀念館，是為紀念前人創業維艱與紀念這段發展史。新旺陶藝的前身創立於1926年，以製造磚瓦為主；1941年改組協興窯業，製造碗盤；1971年改組為協豐窯業，生產建築瓷磚。該紀念館為原址重現，分為四大主題區：陶瓷藝品展售區、專業陶藝教學中心、陶瓷製造廠區、古陶瓷巡禮區。在這裡不但可以購買到日常生活使用的鍋、碗、盤等陶瓷器皿，也可以欣賞到精緻細膩的藝術陶瓷或仿古陶瓷，還可以觀賞由陶藝家創作的現代陶瓷，以及創意的花器、流水等，更有一般店面少見的建築陶瓷，如全磁化地壁磚、環保透水磚等，當然也可以報名參加玩陶體驗課程，或是參觀傳統窯廠的各項設施與早期產品，逛累了還可享受精緻的簡餐與下午茶，心動了嗎？到鶯歌一定不能錯過新旺陶藝紀念館。

◎店家資訊：尖山埔路81號
　　　　　　(02)2678-9571
◎營業時間：9:00~19:00
◎其他服務：陶瓷販售、工廠參觀、
　　　　　　玩陶體驗、輕食餐飲、
　　　　　　陶瓷展覽等
◎路線指引：三鶯文化巴士陶瓷老街
　　　　　　站下車

陶華灼生活館

　　陶華灼生活館以推薦入門的生活陶藝小品，以及能烘托出溫馨居家的擺飾品，包括生活陶藝品、銅雕創作、禮品等，代理作者如陳明謙、廖述乾、阿等、張素、蔣張淑芬、西西、吳仲宗、郭清奇等人。

◎店家資訊：尖山埔路82號 (02)2677-7131
◎營業時間：週一至週五10:30~19:00；週六、日10:00~19:00
◎其他服務：商品寄送
◎路線指引：三鶯文化巴士陶瓷老街站下車

臺華窯四館—東方天地

　　臺華窯「東方天地」是一間全新的嘗試，以展售陶瓷、雕塑等精緻東方藝術為主。在這裡可以看見「東方思維，世界準則」之設計風格的完全呈現，東方元素的簡約、東方禪學的意境是如何地透過藝術家、設計師之智慧，潛入現代生活之中。

◎店家資訊：尖山埔路85號 (02)2670-6600 http://www.thp.com.tw
◎營業時間：9:00~19:00
◎其他服務：國民旅遊卡、商品寄送
◎路線指引：三鶯文化巴士陶瓷老街站下車

田遠陶坊

　　田遠陶坊自設工廠生產與展售各式陶藝作品與生活陶瓷品，店內作品風格深富生命力與珍藏價值。秉持著一貫的誠信與穩定的高品質，用心設計燒製每一件作品，期望能將陶藝藝術結合生活，為您的生活增添美感，帶來豐富的情趣，達到生活藝術化的理念。琳瑯滿目的生活陶瓷品，一定讓您愛不釋手，歡迎來參觀。

```
◎店家資訊：尖山埔路90號 (02)2678-9222
          http://www.tenir.com.tw/
◎營業時間：10:00~19:00
◎其他服務：商品寄送
◎路線指引：三鶯文化巴士陶瓷老街站下車
```

漢聲窯

　　漢聲窯成立於1984年，以生產結晶釉和描金釉為主。結晶釉屬於流動性大而自然結晶開花的特殊彩釉，不易燒成，該窯在結晶釉問世初期，致力於發展結晶釉穩定生產的技術，及結晶釉上彩之研發，讓美麗的晶花釉彩可以普遍讓喜歡的人擁有；1992年的「孔雀釉系列」也深受大眾的喜愛；而描金彩特選昂貴之液態黃金彩繪紋飾，表現出金碧輝煌、富麗華貴之感。這些細緻妍美的多彩花瓶，令人愛不釋手。

```
◎店家資訊：尖山埔路92號 (02)2679-2626
          http://www.t-dna.com.tw
◎營業時間：9:30~18:30
◎其他服務：結晶釉、描金彩、紅釉、多種創作型窯變、青花
          等展售
◎路線指引：三鶯文化巴士陶瓷老街站下車
```

宜品陶瓷藝術有限公司

　　宜品陶瓷成立於1984年，最初以內外銷陶瓷為主，1991年起開發法華器，爾後陸續開發法華金彩、紅釉金彩系列等。法華器是指在陶坯上，用特製工具在陶坯上勾勒出高起的紋飾輪廓，然後分別用各種色彩填入輪廓線中，再入窯燒成，因此作品有線塑的趣味；另有藝術時鐘、財源滾滾、流水甕等陶瓷品，歡迎蒞臨選購。

```
◎店家資訊：尖山埔路96號2樓
          (02)2678-1885
◎營業時間：10:30~18:00
◎其他服務：商品寄送
◎路線指引：三鶯文化巴士陶瓷老街站下車
```

陶藝家的店生活館

1994年成立，陶藝家的店與臺灣當代獨具個人創作風格的藝術家共同合作，以創意為主軸，創作藝術陶與設計生活陶，於是陶藝家的店在富有人文藝術氛圍的鶯歌，設立兩間風格截然不同的展覽館與生活館。位於陶瓷老街的生活館，呈現的是貼近生活的創意實用陶，駐足於此，您會發掘陶藝的無限可能，更可以感受陶藝潛藏的生命力。盛夏的荷葉、潺潺的水流、搖曳的光影、舞動的生命、淡淡的香氣、微醺的心情，陶竟與生命如此的貼近，真心誠意的邀約，即便是一件陶杯、一盞燈，都用心為您打造。

◎店家資訊：尖山埔路96-2號 (02)2677-4829
　　　　　　http://blog.webs-tv.net/ceramists-galler
◎營業時間：10:00~19:00
◎其他服務：商品品寄送、景觀陶設計與製作、專案設計與製作（禮品、餐具等）、玻璃與金工創作
◎路線指引：三鶯文化巴士陶瓷老街站下車

陶禮陶坊

前身為憶古工坊，而後轉型改裝為陶禮陶坊，專賣茶壺等周邊用具，翁明川老師竹雕茶則推廣臺灣茶道文化、本土茶壺。茶壺及其周邊用具（竹雕茶則）、古逸壺專賣、大禾竹器專賣。

◎店家資訊：尖山埔路105號 (02)8677-4330
◎營業時間：平日10:30~18:30；假日10:00~19:00
◎其他服務：國民旅遊卡
◎路線指引：三鶯文化巴士陶瓷老街站下車

如生甎精品館

如生甎以展售精緻創意的名家陶藝創作品、琉璃飾品、陶藝掛飾、交趾陶等，品項包含茶壺、茶具、生活用品、裝飾品等精品。店內陳設別具創新、商品玲瑯滿目、件件創意突出，滿足顧客愛好新穎、獨特、個性化的需求。

◎店家資訊：尖山埔路117號 (02) 2677-2277
◎營業時間：10:00~19:00
◎其他服務：訂做花器、國民旅遊卡
◎路線指引：三鶯文化巴士陶瓷老街站下車

陶言木舍

　　結合陶瓷及原木之美，加上個性化服飾的個性商店，走進來細細觀賞，會發現許多創意的生活點子，讓您的生活與穿著更有有品味。

◎店家資訊：尖山埔路121號 (02)2677-7961
◎營業時間：10:30~19:00
◎其他服務：生活實用陶
◎路線指引：三鶯文化巴士陶瓷老街站下車

半山陶坊（上層窯）

　　半山彩瓷（上層窯）是邀請藝術家把繪畫融入陶瓷製作當中，以釉藥代替顏料、坯體代替畫紙，將平面繪畫如傳統的山水、花鳥水墨或現代的寫實、抽象油畫等，呈現在立體的瓷瓶上，提昇繪畫的技巧和藝術性，亦增添其珍藏價值、世代相傳。近幾年更積極研發創作，如陶土花器、陶板書法、篆刻、浮雕山水、茶具組、氧化燒及還原燒、特殊釉藥等，還有日常生活用的各類色釉花瓶、花器與杯碗等陶瓷器皿，讓陶瓷更普及家庭生活中。藝術的創造是綿延無期的，歡迎蒞臨半山陶坊細細品味陶瓷之美。

◎店家資訊：重慶街57號 (02)2677-3749
◎營業時間：10:00~19:00
◎其他服務：國民旅遊卡、商品寄送、陶瓷批發
◎路線指引：三鶯文化巴士陶瓷老街站下車

子士小舖

子士小舖於鶯歌自產自銷精緻茶具組，店內最具特色的產品是不同系列風格的響杯，包括五福響杯、如意龍以及近期更推的御賜響杯，其他如手繪青花系列、手工浮雕系列、手拉坯系列茶具等，都是送禮、自用兩相宜的特色精品。

◎店家資訊：重慶街63-1號 (02)2678-2980
◎營業時間：平日10:00~19:00；假日9:00~19:00
◎其他服務：國民旅遊卡、商品寄送、商品批發
◎路線指引：三鶯文化巴士陶瓷老街後街站下車

◎店家資訊：重慶街64號 (02)2679-1356
◎營業時間：平日12:00~18:30
　　　　　　例假日12:00~19:30
◎其他服務：國民旅遊卡、生活陶訂做、商品寄送
◎路線指引：三鶯文化巴士陶瓷老街站下車

立晶窯

立晶窯早期從生產碗盤開始，歷經不斷地研發及釉藥經驗的累積，目前由第四代傳人蘇正立經營，並轉型為生活陶的創作，發展具個人特色的作品。門市除了展售蘇正立的茶具組、茶碗等生活陶及創作品外，包括多彩灑金釉、鈞紫、油滴、志野等風格，還將家傳的碗盤重新呈現，推出一系列懷舊復古風情的碟、碗、盤等，讓您重新領略1960-70年代生活美學。

古早窯藝術工作室

各式手工或手拉坯陶藝品及生活用具，以招財流水款式最多樣化，零售、批發及量身訂做。有一條60年代的古隧道窯，可供來賓參觀。

◎店家資訊：重慶街65-1號 (02)8677-8084
◎營業時間：週一~五10:00~18:00
　　　　　　假日10:00~19:00
◎其他服務：國民旅遊卡、商品寄送
◎路線指引：三鶯文化巴士陶瓷老街站下車

陶笛ㄚ志

　　這是一家專門賣陶笛的店，店裡賣的陶笛都是有定調，可以配合鋼琴、CD來吹奏，另有日式的潛水艇陶笛，是陶笛專家游學志親自到日本試吹、挑選的。到店裡來，可先學會再買，提供免費教學服務與諮詢，還可選購陶笛音樂CD、陶笛曲譜、陶笛袋、教學光碟片（VCD）等。歡迎對陶笛有興趣的民眾，一起來學吹陶笛。

◎店家資訊：重慶街65號　0939-507227
　　　　　　http://ocarina.idv.st
◎營業時間：10:30~18:30
◎其他服務：商品寄送
◎路線指引：三鶯文化巴士陶瓷老街站下車

舅媽的店

　　「舅媽的店」之命名來自中國人傳統家族，且舅媽的稱呼讓人倍感親切。舅媽的店從事陶瓷製作已有20餘年，目前展售的產品包括生活陶藝品、花器、花盆、陶壺、陶杯、陶笛、馬賽克材料，以及工具、書籍等批發零售，產品的價格合理，實用性高，送人自用兩相宜。希望來到該店的客人都能感受到店內親切溫馨的陳設與服務，也期許讓客人找到自己最喜愛的陶藝品。

◎店家資訊：重慶街69-1號　(02)2677-7422
◎營業時間：9:00~19:00
◎其他服務：商品寄送、陶瓷訂做、馬賽克創意DIY
◎路線指引：三鶯文化巴士陶瓷老街站下車

鶯歌窯陶瓷廣場

　　該廣場共有280坪，齊聚各類生活陶瓷精品與陶藝家創作品，配合其他專櫃，如水晶、雅石、玻璃、銅製品，以及可口美味的餐飲和專業玩陶教室，讓遊客一踏入，即同時享受吃、喝、玩、樂及賞玩美不勝收的作品，過一個充實的鶯歌賞陶玩陶之旅。

◎店家資訊：重慶街73號　(02)8677-3998
◎營業時間：9:00~19:00
◎其他服務：陶瓷等相關藝品販售、餐飲、玩陶體驗等
◎路線指引：三鶯文化巴士陶瓷老街站下車

老街陶館

老街陶館齊聚上百家陶瓷藝品店舖與美食，讓您一次欣賞各類陶瓷藝品、品嘗各種佳餚。該館早期原為一座大型窯廠，生產家庭必備的陶瓷插頭、插座、燈頭等電器用品，近期才於原址以現代工法重新打造一幢具古典的臺灣老式建築，雄偉典雅的外觀值得您細細品味，並於建築物左方重建一座

「目仔窯」，窯體上方聳立約八層樓高的老式煙囪，煙囪會定時噴煙報時。陶館一樓包括陶、玉、石、木彫等藝品專櫃，二樓則有各式美食、咖啡等，還有玩陶體驗活動、假日戶外表演，以及人物速寫、傳統剪影等現場表演。來鶯歌一定要到老街，到老街一定要來「老街陶館」，各種精緻陶瓷藝品、豐富現場活動，以及「報時煙囪」精采景象，會讓您不虛此行。

◎店家資訊：重慶街95、97、101號 (02)2678-1799
　　　　　　http://www.kingmall.com.tw/
◎營業時間：10:00~20:00
◎其他服務：陶藝品販售、餐飲等
◎路線指引：三鶯文化巴士陶瓷老街站下車

皇城藝術館

皇城藝術館是一家精緻的陶瓷百貨綜合商場，參觀空間舒適、雅緻，商品豐富多元，包括1.經營石盤、石頭花器的皇城藝術館；2.經營古玉的古蜀王朝；3.經營各式陶瓷茶具與花瓶器皿的耕陶坊，代理工作者包括陳啟南、白木全、謝志成、陳佳慧、谷源滔、鄭佳發、林正雄、張美芬、許德家、程剛等；4.經營名家茶壺、茶具、香爐的壺生堂，代理作者包括楊金本、徐文哲、江有亭、徐興隆、顏東坡、徐文彥、李幸龍、徐水源、吳建福等；5.經營來自烏拉圭、巴西等地的珠寶玉器、礦石、水晶的水瓶坊；6.經營觀音佛像、玉器字畫、陶瓷木雕、古銅器、水晶、鐘乳石、古玩石雕與宜興茶壺豐的盛藝品坊；7.經營飾品、家庭裝飾用品、陶藝品、印度手工家具飾品的禔華坊。

◎店家資訊：重慶街100號 (02)8677-4487
◎營業時間：9:00~19:00
◎其他服務：陶瓷、珠寶水晶、佛像字畫等相關藝品販售
◎路線指引：三鶯文化巴士陶瓷老街站下車

批發街(中山路、中正一路等)

陶坊企業有限公司

　　陶坊成立於1991年，專營茶器開發，不僅打開茶藝時尚潮流之先，更成功地塑造了古逸壺、玄中壺、巧中壺品牌，在整個茶器發展史中佔一席之地。所開發之產品曾榮獲臺灣、日本、大陸多項專利權，以及國立臺灣工藝研所生活用品多項優選和中華民國消費者協會全國消費金牌獎等。例如巧中壺，因能充分考量使用機能與造形的完美結合，並巧妙地運用隱藏內膽來控制壺底注水及濾渣功能，將品茗文化與現代生活品味結合，讓品茗不只是傳統文化，也是與現代人心靈契合的生活風格。

◎店家資訊：中山路183-2號 (02)2678-3731
◎營業時間：9:00~17:00；假日休息

唐鈺陶瓷企業有限公司

　　成立於1987年，主要以生產耐熱鍋、耐熱壺、砂鍋為主，包含個人使用、營業使用等多種型式，還可以依客戶需求訂做，產品行銷到國內外，包括日本、美國及華人地區。除了生產以外，還兼開發設計給同業生產，同時銷售同行各類陶瓷品。耐熱系列產品具有導熱快、節省瓦斯、增加食物風味等特色，是家庭主婦、專業廚師的好幫手。

◎店家資訊：中山路185-1號 (02)2678-7052
◎營業時間：8:30~18:00；隔週休

益暉陶坊

　　成立於1983年，主要的產品包括中國花藝插花用之花器，以及餐具、茶壺等生活陶藝器皿，該廠所產製之作品全部以高溫還原燒製成。自1985年起更潛心研究結晶釉、木葉天目、灰釉、嘯裂等等各種不同的釉色與變化，作品也經常參與美術館、文化中心等展出。

◎店家資訊：中山路185-2號 (02)2668-1191
◎營業時間：9:00~17:00；週日休息

宜龍企業有限公司

成立於1987年，專營陶瓷茶器及耐熱玻璃茶器之開發設計，追求創新是宜龍的核心價值，為適應於各地消費特性的不同，融合中西合璧的設計概念，目前產品已行銷國內外。

◎店家資訊：中山路189號 (02)2679-2483
◎營業時間：9:00~18:00；週日11:00~18:00

三希陶瓷商行

1989年成立，專致力於老人茶壺的開發設計和生產製作，至1993年已開發百餘支不同造型的茶壺，並印製百壺圖與壺友收藏。產品曾獲多項榮譽，如2000年「天鵝茶具組」、「千禧龍茶具組」榮獲第一屆陶瓷文化觀光發展協會本土創作優良商品；2001年「西瓜茶具組」、「美人肩茶具組」等榮邀參展陶博館「百壺呈祥」展；2002年「沈思」榮獲第一屆臺灣陶瓷金質獎佳作等。

◎店家資訊：中山路194-15號 (02)2670-2223
◎營業時間：9:00~18:00；週日休息

煥臣陶磁藝術有限公司

1976年成立，以生產茶具為主，產品自1990年代以來榮獲國內外多項競賽優選等，如2003年文建會陶瓷產品年度評鑑榮獲陶最時尚獎。各種系列作品別具巧思，包括創意古典茗壺 （創意造型之實用茶具）、變色龍系列產品 （表面花紙會因水溫不同而產生變化）、微雕茗壺系列（以微雕技巧將中國經典文學篆刻在茗壺之上）、漆茶器系列（以奈米技術將漆巧妙結合在瓷器之上）、玉玲瓏系列 (琉璃與陶瓷結合之產品)、魔磁系列（以遠紅外線原料運用在茶具內使其泡出之茶水更加甘醇）、玄機杯系列（運用水之折射原理將圖片放在杯內注入水及可顯現圖案）、夜光瓷磚系列（夜晚可持續發光4小時以上可用於逃生設備及裝飾）、高爾夫球人物造形獎盃系列等。

◎店家資訊：中山路199號 (02)2678-8229
◎營業時間：週一至週五9:00~18:00；假日休息

市拿陶藝有限公司

1972年7月由鶯歌陶瓷界前輩許自然先生成立，承繼中國歷代「官窯」陶瓷精品風格，開啓鶯歌彩繪陶瓷之先鋒，由於作品工法細膩、古典雅緻，深獲中外貴賓好評。產品可分為四個時期：1、仿古期（1972年～1978年）作品瓷質精細，彩繪優美，媲美明清兩代精品；2、貿易時期（1978年～1987年）：作品彩繪華麗，並具古樸之美；3、仿古創新期（1987年～1995年）：作品細筆精工，應用更多彩繪技巧，凸顯臺灣當代生活絢麗之一面；4、傳統與現代繪畫風格結合期（1996年迄今）：作品造型線條簡單優美，瓶色潤澤，彩繪佈局力求現代風格又不失細緻。

◎店家資訊：中正一路223巷19號 (02)2679-2102
　　　　　http://www.chinaart.com.tw
◎營業時間：10:00~17:00 需導覽服務請事先預約
◎路線指引：三鶯文化巴士傑作陶藝站下車，往前走
　　　　　約3分鐘，在加油站右轉約3分鐘可抵達

傑作陶藝有限公司

成立於1992年，先以展示代理名家陶瓷作品為主，2004年起自營窯廠並成立設計小組，全力投入開發與生產行列。現為總統府、外交部指定的禮品供應商之一。產品精緻豐富，展示空間舒適，來訪客人均可獲咖啡招待。代理的陶藝家與作品包括李國欽的花言瓷魚系列、梁勝榮的臺灣鄉土陶藝、陳清木的金碧輝煌系列等。除了自行開發產品外，亦接受客戶委託設計與燒製各種陶瓷藝品、日用餐瓷、酒器等。

◎店家資訊：中正一路379號 (02)2670-6136
　　　　　http://www.excera.com.tw
◎營業時間：9:00~18:00
◎路線指引：三鶯文化巴士傑作陶藝站下車

臺華陶瓷有限公司（總公司）

　　成立於1983年，以發揚「臺灣之光華」、提昇陶瓷表現境界為使命，所生產的高級陳設瓷器、精緻餐具聞名中外，更為總統府、外交部等國賓贈禮的重要窯廠之一。原以生產白坯外銷為主，於1980年末期持續開發各種釉色，轉以生產彩繪花瓶等為主，並配合大飯店生產各種陳設陶瓷以及餐具，近年來與藝術家合作，將繪畫與書法等作品轉印於陶瓷上，增加陶瓷的藝術風采。窯場中有多位彩繪師父，能夠表現多種繪畫風格，也接受特別訂作，此外，除了窯場自行開發的各種具現代感的量產陶瓷紀念品外，也接受訂作各種造形與風格的禮品訂作。

◎店家資訊：中正一路426~434號 (02)2678-0000
　　　　　　http://www.thp.com.tw
◎營業時間：週一至週六8:00~17:00
　　　　　　週日及假日9:00~17:00
◎路線指引：三鶯文化巴士臺華窯站下車

漢聲窯業股份有限公司

　　漢聲窯業成立於1984年，1980年代投入專精各類型相關藝術陶瓷的研發生產，如彩繪、描金、紅釉類等陶瓷藝術之研究，並在結晶釉問世初期致力於結晶釉上彩的研發。

◎店家資訊：中正一路433號 (02)2679-2626
◎營業時間：8:00~17:00
◎路線指引：三鶯文化巴士臺華窯站下車，位於臺華窯對面。

巨名陶瓷有限公司

　　早期以出口手拉坯、注漿之白胎瓷瓶為主，並兼產青花瓷，爾後開發青花釉裡紅，釉裡紅及單色釉轉銷世界各地。1988年後專門生產單色釉烏金、銅紅、鈞窯、仿宋青瓷、定窯及各種開片釉瓷等陳設陶瓷品。近年來兼產「半陶瓷」個性化生活陶、茶壺、杯盤茶具用品，和高級餐館大飯店用餐盤、擺設、煙缸等，以及佛具香爐、禮品、花器花盆、檯燈等琳瑯滿目，歡迎參觀訂購。

◎店家資訊：中正一路456號　(02)2670-2289
◎營業時間：8:00~18:00；週日採預約

◎店家資訊：中正二路041號　(02)2679-3549
◎營業時間：8:00~17:00；假日休息

新國藝陶坊

　　創立於1973年，以製作「唐三彩」為主，作品廣受各界喜愛，總統府、歷史博物館、外交部均有典藏。1997年起開發多樣釉彩系列，如灑金釉系列、油滴天目系列、各式窯變結晶系列，產品種類則包括藝術花瓶及實用作品，如茶具組、茶碗、茶杯等，亦廣受各界好評。

乾唐軒美術工藝股份有限公司

　　乾唐軒早期仿製唐三彩陶作為主，成為國內外觀光客的最佳伴手禮。千禧年前夕突破技術研發出「乾唐軒活瓷」，將健康養生功能的遠紅外線及陶瓷科技結合，開發有益人類生活的產品。藉由活瓷放射出的遠紅外線，將水內所含的氯臭等不純之物質消除殆盡、增加溶氧量、滲透活化水分子，讓食物更美味同時活化人體細胞，輕鬆達到養生功能。為了區隔市面上眾多仿冒商品，陸續申請美國及臺灣專利，並通過美國加州65、FDA食品藥物管理局及商品檢驗合格，同時臺灣工研院檢測出乾唐軒活瓷具有良好穩定的遠紅外線放射率。此外，乾唐軒也開發半立體之陶瓷壁飾與獎牌，以及手工彩釉精品等。

◎店家資訊：文化路324巷1-1號　(02)2678-0381
◎營業時間：9:00~17:00；假日休息

存仁堂藝瓷有限公司

　　存仁堂承襲中華傳統瓷器的技藝，融入現代藝術的思維與技術，為陶藝開創出一片懷古展今的新天地。創業以來，李存仁先生以仿古陶瓷的紮實根基加入全新巧思，為陶藝予新生命。存仁堂薄胎碗創作的技藝，更是獨領風騷，胎體之薄，雕作之美，連大陸老師傅也讚歎拜服，其他創新作品如尖頸瓶系列、漆瓷系列，更是屢屢獲獎。

◎店家資訊：三鶯路15號3樓　(02)2671-0259
◎營業時間：9:00~17:00；假日採預約

彩麒窯藝坊

　　彩麒窯藝坊成立於2003年10月，負責人林東龍以30年製模經驗，轉入設計開發耐熱陶瓷、無煙碳烤陶甕，以及生產陶瓷紅龍、藝品、奈米米甕、茶葉罐、歐式羅馬柱、煎藥壺、魯味鍋等。無煙碳烤陶甕是該藝坊的特色產品，強調能做到環保、省能源，操作方便、清潔容易，同時可以烤出過剩油脂且不碳化危害健康，亦不受場地限制，讓使用者安心享受碳烤樂趣和原汁的美味。

◎店家資訊：永和街110號 (02)2677-2312
◎營業時間：週一至週六 9:00~18:00

源益磁器行

　　販售各種酒甕、陶缸、耐火鍋、耐火陶壺、大水缸、花盆、骨灰罐、金斗、聚寶盆、招財甕，早期醃製類各種陶缸、陶甕、泡製酒甕大小尺寸都有。您在這裡可以購買到正統道地的泡菜甕，也可以買到耐久燉、冷熱變化且不易破裂的耐火鍋。

◎店家資訊：國慶街174號 (02)2679-8673
◎營業時間：9:00~21:00

店　名	電　話	地　址
民風陶坊	(02)2679-5784	二甲里85號-2
榮立陶瓷股份有限公司	(02)2679-2840	大湖路109巷022號
韋泰茶具茶葉商行	(02)2670-7622	中山路18號
意展陶藝社	(02)2670-5936	中山路73號
亞軒手拉茗壺	(02)2678-3480	中山路109號
宏禧陶瓷	(02)2679-4258	中山路151號
宜和園手拉茗壺專賣店	(02)2678-4211	中山路196-7號
建展陶藝有限公司	(02)2679-4992	中山路197號
仁和陶瓷工廠	(02)2670-3188	中山路202號
仟惠陶瓷行	(02)2679-2261	中山路235號
信成陶瓷石雕藝品	(02)2670-6069	中山路269號
東峰陶瓷工業社	(02)2679-2606	中山路284號
宜鼎茶具百貨批發	(02)2677-4688	中山路287號
全台藝品	(02)2677-1177	中山路288號
巨全陶瓷有限公司	(02)2670-3556	中山路292號
永泰茗壺茶具批發	(02)2678-7269	中正一路261號
弘祥茗壺茶藝百貨批發	(02)2679-7606	中正一路262-1號
梅軒陶瓷坊	(02)2670-7175	中正一路262號
昆成窯業股份有限公司	(02)2679-4963	中正一路301號
茶與壺企業社	(02)2677-2690	中正一路438號
皇家窯陶瓷有限公司	(02)2670-9088	中正一路452號
金和陶瓷藝品總匯	(02)2679-3509	中正二路7號
御之陶美術陶藝	02-2678-5888	中正二路26號
新國藝陶坊	(02)2679-3549	中正二路41號
谷泰窯業工廠	(02)2679-3630	中正二路77號
全成陶器工廠	(02)2679-2770	中正二路78號
釉鴻有限公司	(02)2678-7640	中正二路88號
向宏企業社	(02)2679-2853	中正二路98號
光利電瓷廠有限公司	(02)2679-2747	中正二路108號
大山陶瓷工廠	(02)2679-2312	中正二路137號
天送窯業廠	(02)2679-2785	中正二路145號
川吉實業有限公司	(02)2679-3076	中正二路147號
佑申有限公司	(02)2678-9846	中正二路155-3號1樓
連祥陶瓷工業社	(02)2670-4620	中正二路195號
瑞成窯業有限公司	(02)2679-2470	中正二路197號
中元城精品店	02-2678-3334	文化路11號
景德藝瓷	(02)2677-6734	文化路55號
新良昌陶瓷廠	(02)2670-2551	文化路55號
源泰陶藝坊	(02)2678-7883	文化路72-1號
永龍陶藝坊	(02)2678-4798	文化路72-7號
欣昌陶藝企業社	(02)2678-4798	文化路72-7號
碧龍陶器手工藝社	(02)2679-2835	文化路73號
巧意陶坊	(02)2678-3968	文化路112號
陶花緣陶坊	(02)2670-1503	文化路132號
萬佳陶藝社	(02)2678-2827	文化路145巷9號
森茂陶瓷百貨總匯	(02)2678-1270	文化路149號

永泉坊	(02)2679-2793	文化路171號
陶都藝軒	(02)2679-2545	文化路191號
衣谷陶燒	(02)2679-4869	文化路206號
裕之陶藝品行	(02)2670-8326	文化路225號
土生藝術(文化店)	(02)2679-6759	文化路247號
超億	(02)2678-3302	文化路267號
王忠信－汪洋居	(02)2679-2066	文化路275號
林榮華陶藝館	(02)2678-9936	文化路295號1樓
益新企業行	(02)2677-2313	文化路297號1樓
浮彩陶藝	(02)2679-2331	文化路305號
欣圓坊	(02)8677-4471	文化路325-1號
滿月圓茗壺陶藝	(02)2670-0371	文化路331號
駿騰藝品有限公司	(02)2679-4302	文化路335號
陶意房	(02)2670-7589	文化路353號
源本陶瓷藝品園	(02)8677-2819	文化路379號
鶯歌庄古物館	(02)2670-5055	文化路417號
尚豐陶瓷廠	(02)2670-0592	永新巷21巷2衖3號
陶美堂實業有限公司	(02)2678-9160	尖山埔路1-1號
元培陶藝坊	(02)2678-7675	尖山埔路2-1號
頂耀藝品行	(02)2678-8977	尖山埔路2-2號
國晶藝術精品館	(02)2678-3759	尖山埔路3號
崇鶯陶坊藝瓷店	(02)2678-7829	尖山埔路4-1號
佳昌贈禮品行	(02)2678-2023	尖山埔路4號
國城陶瓷企業有限公司	(02)2670-1722	尖山埔路5號
小軒陶坊	(02)8677-6181	尖山埔路6號
信義磁器行	(02)2679-2159	尖山埔路9號
豐達磁器店	(02)2679-2354	尖山埔路11號
丸進陶藝坊	(02)2678-0399	尖山埔路13號
雅陶屋	(02)2670-2245	尖山埔路14之1號
玉同行	02-8677-3533	尖山埔路14號
嘉隆精品陶瓷	(02)2678-2622	尖山埔路15號
信義行	(02)2679-3849	尖山埔路16號
國大藝坊	(02)2678-8015	尖山埔路17號
鼎集藝術中心	(02)2678-7370	尖山埔路19號
陶蒂陶藝工作坊	(02)2678-6836	尖山埔路21號1樓
景德陶藝齋	(02)2678-8137	尖山埔路23號
新建元陶坊(德安陶瓷企業社)	(02)2670-8236	尖山埔路28號
侑城陶坊	(02)2678-5930	尖山埔路31號
土生藝術坊(尖山埔路店)	(02)2679-6759	尖山埔路33號
碧雲堂陶藝	(02)2679-8761	尖山埔路34號
宏泰瓷器藝品行	(02)2679-2615	尖山埔路38號
采興陶藝	(02)2679-6318	尖山埔路40號
興隆陶瓷公司	(02)2679-3815	尖山埔路41號
田悅藝術坊	(02)2678-9698	尖山埔路45號
手築窯陶坊	(02)2679-3096	尖山埔路46號
廣益陶藝	(02)2679-4983	尖山埔路49號
陶築圓	(02)2670-2264	尖山埔路51號
奕鼎	(02)2679-2406	尖山埔路52號
新益源陶器工廠	(02)2679-2178	尖山埔路57號
陶裡乾坤陶瓷藝品店	(02)2670-8618	尖山埔路60號
尚流陶藝社	(02)2678-3160	尖山埔路62號1樓
田嘉藝坊	(02)8677-6700	尖山埔路73號

秀昌商店	(02)2679-3104	尖山埔路78號
如生典藏創藝名店─如生窯	(02)2677-2727	尖山埔路79號
陶醉坊	(02)2670-9091	尖山埔路83號
思麥格企業社	(02)2677-5477	尖山埔路84號
昇陶珍坊精品社	(02)2679-7899	尖山埔路94號
宜品陶瓷藝術有限公司	(02)2678-1885	尖山埔路96號
軒然陶藝坊	(02)2678-2876	尖山埔路96號之1
金旺窯	(02)8677-4112	尖山埔路117號
磁鐵錦舖	(02)8677-4322	尖山埔路143號
安順耐熱窯業工廠	(02)2679-6363	尖山埔路159號
宣禾	(02)2678-0389	尖山埔路169號
文松南企業有限公司	(02)8677-5577	尖山路55-9號
有利陶坊	(02)2678-3042	尖山路73-3號
萬象藝術中心	(02)2670-6460	育英街59號
嘉峰陶藝工作坊	(02)2670-5972	育英街65-1號
巧陶軒	(02)8677-6709	育英街69-1號
168陶坊	(02)2670-4968	育英街69號
羴峰實業有限公司	(02)8677-6845	育英街69號
桂花巷	(02)8677-4926	育英街89巷1號
佳和陶瓷	(02)8678-1329	育英街89巷2號
承佑創意陶瓷	(02)2678-9369	忠孝街8號
臺灣大友普洱茶博物館	(02)2678-1876	建國路59號
神壺	(02)2678-0921	重慶街8號
騰龍精品陶瓷	(02)2678-0976	重慶街55號
山水陶坊	(02)8677-6377	重慶街62-1號
和昇陶坊	(02)2670-5324	重慶街62-2號
芸豪堂	(02)8677-5978	重慶街62號
立炘	(02)8677-7859	重慶街65號
亦瑞窯	(02)8677-5517	重慶街67-1號
富潤屋精品店	(02)2867-8676	重慶街67號
世界藝雕古董店	(02)2679-5702	重慶街68號
滿月圓茗壺陶藝(重慶街)	(02)2670-5626	重慶街69號
勝昌陶瓷	(02)2670-8089	重慶街77號
嘉晟國際有限公司	0963-366199	重慶街78號
可樂館	(02)2678-2612	重慶街80號
陶美堂(重慶街)	(02)2678-9160	重慶街90號
褆華坊	(02)2670-0109	重慶街100號
伊庭美企業有限公司	(02)2678-0002	重慶街106號
文化壺藝茗坊	(02)2679-8460	重慶街108號
翰霖軒藝術中心	(02)2678-6688	重慶街126號
田麗岩有限公司	(02)2670-2222	國際一路110巷1號
源益磁器行	(02)2679-8673	國慶街174號
登厚手拉坯	(02)2670-4373	鶯桃路31-2號
協志陶瓷藝品坊	(02)2679-8781	鶯桃路31號
永隆陶器廠	(02)2678-1351	鶯桃路39-1號
和協陶瓷器有限公司	(02)2679-4043	鶯桃路91巷17-6號
易垣坊現代陶藝廠	(02)2679-3110	鶯桃路98號
忠記茗壺	(02)2679-1527	鶯桃路182巷96弄1號
大昇工業社	(02)2679-6462	鶯桃路35號
祿陶軒	(02)2679-1826	鶯桃路91巷31弄16號
進憶藝術陶瓷工廠	(02)8677-6735	鶯桃路永新巷21弄2衖11號
振弘實業有限公司	(02)2670-0693	鶯桃路永新巷21弄2衖12號

● 鶯歌文化導覽工作室

齊青文化導覽工作室

　　陳淑卿自小生長於鶯歌鎮，祖父、父親、兄姊均從事陶瓷工作，從小玩泥巴長大，邁入中年，想起過去1960、70年代的窯廠風雲，展開對家鄉根的溯源。先參加口才訓練班訓練，進階至中階程度，於鶯歌鎮鎮立圖書館文史工作室，培訓成為采風導覽的志工，再加上陶博館的創立，也在其中擔任志工工作，不斷吸收藝術教育相關知識，加上對民俗藝術的喜愛，開始了她的導覽工作。提供國語、臺語服務，採預約方式，歡迎對鶯歌地區人文與風情，古蹟、廟宇、陶瓷老街、窯廠及文史淵源有興趣的朋友一起來聽聽鶯歌的故事。

◎營業時間：採預約方式 (02)2679-4901
◎店家資訊：中山路166巷2-1號
◎其他服務：對鶯歌地區人文風景、古蹟、廟宇、陶瓷老街、窯廠及文史淵源介紹，提供國語、臺語導覽服務

何振遠鄉土文化工作室

　　何振遠在鶯歌居住20幾年，深感鶯歌地方之美，決心負起發揚在地文化的責任，於8年前成立「鄉土文化工作室」，鄉土文化導覽、玩陶教學及活動設計（鶯歌、三峽、大溪地區的半日、一日及二日遊），伊紛至沓來的旅客真實體會、了解鶯歌鎮的美，鑑賞精美的陶瓷作品、品嚐道地美味的小吃，享受鶯歌鎮三好「濃郁的人情味」、「純樸的風情」、「美麗的陶瓷」，提供大家最好的旅遊品質。

◎營業時間：採預約方式 0928-233285
◎店家資訊：重慶街10巷11號5樓
　　　　　　http://home.kimo.om.tw/yinkoex-pert
◎其他服務：導覽教學、鄉土文化介紹、陶藝之美介紹、玩陶教學及活動設計服務

鄉香歐式素食餐廳

　　精緻的各國特色料理皆以進口上選食材及有機蔬菜烹調，不添加味精、人工香料，高纖低卡、低油、低鹽，養生健康，搭配純白強化瓷盤餐具，呈現新鮮蔬果的原汁原味，細細品嚐必能了解鄉香的用心。主廚推薦松子蘑菇胚芽炒飯、酥皮海苔起士麵、日式白味噌拉麵，歡迎品嚐。

◎店家資訊：育英街85號 (02)2678-9248
◎營業時間：11:00～21:00，套餐200元起
◎路線指引：三鶯文化巴士陶瓷老街站下車

新太源藝術工坊－甕燒飯

　　特別推薦本工坊的金之味甕燒飯（X.O.醬干貝栗子油飯），是老闆娘的獨門配方，口味鮮美，口齒留香，甕外的圖案設計意義深遠，象徵「事事如意好采來，多子多孫福氣在，節節高昇聚億財，旺旺好運心樂開」，吃過後將福氣甕帶回家，讓您的運勢好旺旺來（每份200元）。尚有其他美味西餐、簡餐、素食、午茶、冷熱飲、小吃等餐點，提供您多樣的選擇。該店另有玩陶體驗、釉色花紙廠參觀等服務。

◎店家資訊：鶯桃路永新巷10號 （02）8677-2525
◎營業時間：9:00～18:00，週一休，餐食140元起
◎路線指引：三鶯文化巴士新太源藝術工坊站下車

◎店家資訊：鶯桃路91巷17-14號 (02)2679-6674
　　http://www.taur.com.tw/
◎營業時間：9:00～18:00，餐食100元起（可容納100人），團體需預約。
◎路線指引：永新巷加油站進入300公尺即達

陶驛陶藝社－小湯煲

　　陶驛小湯煲是以鶯歌砂鍋特調本土茶香的湯煲，湯底是用13種中藥加精選富含鈣質的大骨與排骨慢火精燉6小時以上，再配上時令蔬菜、香菇、丸子、傳統豆皮等多種食材烹煮，味道甘甜美味，餐後再享用自製的獨門泡菜與特調飲品，盡享美味（小湯煲每份100元）。另有提供玩陶體驗、咖啡下午茶、窯場參觀、旅遊規劃、文化導覽，只要預約就可到火車站免費接送服務。

薰香菩提養生館

該店以現代醫學與健康營養學為基礎，並結合傳統中藥材、歐式花草、有機蔬果等，創新一道道具美味又富含營養及保健功效的佳餚，加上以鶯歌古建築、歷史圖像所佈置的精緻舒適環境與色釉餐具，提供來賓中式桌餐、簡餐、咖啡、茶飲、素食等，是用餐、休閒、養生的最佳地點。主廚特別推薦花紙茶鍋、藥膳養生煲、養生茶、素餐，健康實惠。

◎店家資訊：尖山路57之2號 (02)2670-8075 國民旅遊卡
◎營業時間：10:00~22:00，套餐168元起
◎路線指引：鶯歌火車站文化路出口後右轉，步行約15分鐘

城市小築咖啡簡餐

由藝術、景觀、美食打造的異國風情庭園餐廳，與三五好友到這裡來品嚐迷迭香烤豬肋排，由多種香料浸濡加以繁複處理使肋排入味，淋上蜂蜜加以燒烤；或是點上一份咖哩烤雞腿，在香嫩雞腿上淋上由馬鈴薯、洋蔥、蘿蔔等一起熬煮的爪哇咖哩醬汁，風味絕佳的口感，歡迎您來城市小築體會。

◎店家資訊：忠孝街2號
　　　　　　(02)2677-5560
◎營業時間：11:00~22:00，週一休
◎路線指引：位於鶯歌火車站前（建國
　　　　　　路出口）、鎮公所附近

◎店家資訊：光明街80號 (02)2678-8858
◎營業時間：10:00~23:00，套餐180元起
◎路線指引：位於鶯歌建國國小附近

卡歐里咖啡館

卡歐里咖啡館以現代簡約的空間設計風格，給您一個安靜、舒適的品餐環境。正統的義大利咖啡做法是特色之一，讓您體會與連鎖店不同的正統義式風味，其他花茶、鬆餅、蛋糕等點心則是細緻可口的美味搭配，而主廚精心準備的各項口味特殊的精緻套餐，如各國口味代表料理、義大利麵食及美國進口牛肉料理等，更是您品味用餐的好選擇。

◎店家資訊：光明街138號　(02)8678-1068
◎營業時間：11:00~22:00，套餐180元起

棕櫚咖啡館

　　潔淨、明亮的用餐環境，加上特聘飯店主廚特別調製中西合璧各式料理，如日式菲力牛肉煲、瑞士奶油雞肉片、匈牙利牛肉、法式蒜汁羊排、奶油焗明蝦等，還有各式的下午茶點、咖啡飲品，維多利亞英式下午茶只需168元，是您享受美食、享受悠閒時光的最佳選擇。

巴黎大街

　　從傳統的日式小火鍋，轉成多樣化選擇的複合式火鍋，可以一次嚐到新鮮的海鮮食材、日本進口火鍋料、自製開胃菜、當季水果、研磨咖啡等。有別於一般的傳統日式小火鍋店面，刻意營造歐式感覺的舒適用餐環境。

◎店家資訊：南雅路33巷15號
◎營業時間：平日16:00~20:00；假日11:00~23:00

◎店家資訊：永明店：永明街18號(02)8677-4475
　　　　　　（可容納199人，備有大型停車場）
　　　　　　尖山店：尖山路177號(02)8677-4775
　　　　　　（可容納67人）
◎營業時間：11:00~20:00，週一休
　　　　　　套餐平日160元起、假日220元起
◎路線指引：永明店位於昌福國小隔壁

元町東京火鍋

　　元町東京火鍋自從鶯歌開設第一店面後，因湯頭鮮美、醬料獨特、食材新鮮、甜點美味、用餐環境雅緻衛生，受顧客讚譽有加而信心大增，陸續於三峽、板橋、桃園、八德、新莊等地開設分店，2005年更在鶯歌永明街開設旗鑑店，佔地500坪，提供顧客更好的用餐環境與品質。獨特的火鍋湯頭是以昆布（海帶）、甘蔗頭為基本食材熬煮，佐以傳統沾醬或特製的日本和風梅子醬，特別爽口好吃，是元町的獨門特色，並推薦美纖鍋、頂極香菇鍋或含有高級鮪魚、霜降豬肉的活力鍋，讓您吃得健康又零負擔。到鶯歌來，歡迎到元町品嚐由臺灣人創意開發的火鍋鮮品。

美味合菜

傳香客家藝術餐館

　　傳香以客家傳統美食為主，乾淨古樸的用餐環境，為鶯歌鎮當地唯一傳承客家文化之勤儉、樸實生活習性之餐館。主廚特別推薦梅干扣肉、薑絲大腸、苦瓜鹹蛋等道地客家菜色，十人桌菜2000元、六人桌菜1000元，很划算喔！

◎店家資訊：高職西街2號 (02)2678-8682
◎營業時間：10:30~14:00；17:00~21:00
　　　　　　（可容納150人）
◎路線指引：歡迎自行前往

老街驛站

　　老街驛站原址為生產電器陶瓷的窯場，後來電器陶瓷逐漸從市場消失後，窯場便停工了，因見遠道來的遊客找不到歇腳飽食的地方，第二代老闆娘的一手好廚藝派上用場，老街第一間飲食店便誕生了。驛站是由紅磚砌成的老祖厝改建而成，瀰漫著古樸的氣氛，前半棟則為供應餐點飲料的溫馨飯館，後半棟鬪玩陶教室，空間之大容納200人都沒問題。提供的餐飲服務包括中式桌餐、簡餐、咖啡、小吃、素食，老闆娘的拿手菜，包括筍絲扣肉、旺旺排柳等，道地的家常口味，令人回味無窮，到老街一定要來嚐一嚐。

◎店家資訊：尖山埔路048號 (02)2679-2144
◎營業時間：10:00~20:00（可容納200人）團體需
　　　　　　預約
◎路線指引：三鶯文化巴士陶瓷老街站下

	地　　址	電　　話	可容納人數
金龍鳳餐廳	國華路100號	(02)2677-5500	1000人
龍鳳園海鮮餐廳	育智路100號	(02)2679-1388	1000人
市民農園	環河路173號	(02)2677-7378	500人
鶯歌石餐廳	文化路71-1號	(02)8677-5618	500人

風味小吃

鶯歌阿婆壽司

阿婆賣壽司已有40多年了，以新鮮便宜而知名全國，到鶯歌一定要吃一口阿婆賣的壽司，才算是到過鶯歌。目前由兒子和媳婦經營，但身體依然勇健的阿婆，每天還是起個大早幫忙打理壽司內餡。海苔壽司、豆皮

壽司及蛋皮壽司3種傳統口味的壽司，裝滿一盒才30元，還有搭配壽司的味增湯與蒸蛋，每碗才15元，香濃大碗、料實在，難怪阿婆壽司能夠打遍鶯歌無敵手，成為鶯歌僅此一家的壽司專賣店，也讓遠到而來的饕客，心滿意足地飽餐一頓，又說下回還要來吃。

◎店家資訊：中正一路63號 (02)2670-9345
◎營業時間：05:00~21:00
◎路線指引：火車站建國路出口，往陶瓷老街的路上，建國路與中正一路交叉口附近

勇伯垃圾麵

垃圾麵在鶯歌鎮遠近馳名，早期用推車沿街叫賣，以豬頭肉高湯為底，加上特製的紅糟肉與豬頭肉配上青菜，呈現古早味的特色與風味，大多都是以工廠工人為主顧，但卻沒有名稱，因口感佳，又因其外觀，久而久之，客人取名為「垃圾麵」而沿用至今。多年設店於中正一路上，歡迎喜愛傳統口味的客人前來品嘗。

◎店家資訊：中正一路157號
◎營業時間：16:00~01:30
◎路線指引：位於中正一路與行政路交叉口附近，距彰鶯肉圓步行1分鐘

◎店家資訊：中正一路35號 (02)2670-6654
◎營業時間：11:00~19:30
◎路線指引：位於中正一路與行政路交叉口附近，與阿婆壽司同一條的路底

彰鶯肉圓

1968年創立，當年白老伯從彰化隻身來到鶯歌打天下，娶妻後便在此定居，為了紀念這段彰化與鶯歌南北結合的姻緣，白老伯將純手工製作的肉圓取名為「彰鶯肉圓」。用蕃薯粉特製的彰鶯肉圓，因為餡料多又實在（包括香菇、赤豬肉、筍子等）、醬汁鮮美，經常門庭若市，才能由小攤販作到今天的大店面，到鶯歌一遊的您，可別錯過口味獨特的彰鶯肉圓喔！

花蓮一品香扁食店

　　「一品香扁食」源自於美麗的花蓮，經過多年的研發，產品不斷的推陳出新，本著「健康美食新主張、天然有機一品香」的服務新概念，歡迎您前來品嚐各種口味的扁食、料多味美的紅油抄手以及配料獨特的蘭陽乾麵。

◎店家資訊：中正一路86號 (02)2678-3990
◎營業時間：9:00~21:00
◎路線指引：位於中正一路上，阿婆壽司的斜對面

老牌鶯歌蚵仔麵線

　　傳統口味的小吃店，以蚵仔麵線、甜不辣、魯肉飯最為客人稱讚。傳統做法的蚵仔麵線，加上新鮮的蚵仔，口味濃郁鮮美，曾獲電視台美食節報導。懷念舊日美味嗎？小店還有各式麵品、切菜，歡迎請進品嚐。

◎店家資訊：中正一路91號 (02)2678-1891
◎營業時間：7:20~18:30
◎路線指引：與阿婆壽司同一條路上，在往上步行2分鐘

板橋炭烤胡椒餅

　　板橋炭烤胡椒餅創立於1997年3月，剛開始於樹林市鎮前街營業，因喜歡鶯歌小鎮的純樸，2002年4月遷至鶯歌。胡椒餅以純手工製造，內餡分為新鮮的瘦肉及五花肉，搭配蔥花、小肉凍與胡椒，以溫細炭火烘培，餅皮香脆、肉汁鮮美，每日限量提供，確保品質新鮮，是來鶯歌不能錯過的臺灣小吃。

◎店家資訊：文化路72號 (02)8677-4992
◎營業時間：平日13:00~20:30
　　　　　　假日11:00~20:30
◎路線指引：位於火車站文化路出口附近

◎店家資訊：重慶街99號2樓
(02) 2678-4676
◎營業時間：11:00~21:30
◎路線指引：三鶯文化巴士
老街陶館站下
車，位於老街
陶館二樓

鶯歌甕仔麵

甕仔麵成立於2001年，因將現煮的各式麵食裝入自製的甕中，故名甕仔麵。經過多年的努力，因食材豐富、新鮮，加上甕壁較厚、身寬口小，具保溫作用，讓麵食更加美味，還有各式風味獨具的小菜和老闆請客的酸梅茶，讓甕仔麵成為陶瓷老街的知名小吃。遊客來鶯歌別忘了來吃碗美味的甕仔麵，如果遊客喜歡店裡的餐具還可以買回家當紀念品喔！

阿嬤的豆花

阿嬤賣的豆花有黃豆和黑豆兩種，都是傳統手工現做的豆花，加上各種口味的配料，以及用純砂糖及黑糖調煮而成的糖水，冬天加薑汁、夏天加挫冰，陶瓷老街逛累、走到街尾阿嬤的店，吃一碗純正的傳統豆花，實在美味。除了豆花，阿嬤也賣挫冰、傳統粿類、豆奶爽（豆花＋豆奶＋配料），歡迎來小歇一下，回味古早的滋味。

◎店家資訊：尖山埔路115號 (02)2670-7669
◎營業時間：09:00~19:00
◎路線指引：三鶯文化巴士老街陶館站下車

香香水餃館

香香水餃皮是老闆現場手工擀製，以新鮮韭菜與豬肉為内餡，厚實飽滿，現包、現下鍋，味道鮮美、口感十足。私房推薦炸醬拉麵，酸辣湯、可口小菜也是不錯的選擇。

◎店家資訊：南雅路37號 (02)2678-4919
◎營業時間：11:00~14:00，16:00~21:30
◎路線指引：火車站建國路出口左轉，到國慶街右轉，即可到達南雅路

滋味嘉排骨酥湯麵

滋味嘉以排骨酥湯麵、羊肉麵及各式臺灣小吃為主要菜色，特別推薦招牌美食：瓦片蝦餅，是以鶯歌傳統豆皮工廠所作的豆皮和鮮蝦製成，酥脆可口，只有在滋味嘉才可以嚐鮮喔！另有魯肉飯、鄉下豬排骨湯、生炒花枝羹、蝦仁羹、蝦捲等小吃，多元美食供您選擇。

◎店家資訊：南雅路38號 (02)8677-5873
◎營業時間：11:00~22:00
◎路線指引：位於建國路及南雅路交叉口附近，南雅路上

盧記涼麵

該店經營蚵仔麵10多年，7年前開始販售涼麵，經過不斷地嘗試與改善，涼麵已經成為該店主力產品，並已開發數種不同的口味，加入新鮮的涼麵中，滋味無窮。推薦您品嚐「哇沙米」涼麵，嗆到好處的感覺，值得一嚐再嚐。

◎店家資訊：南雅路433號　(02)2677-2655
◎營業時間：6:30~18:30

八珍鳳姐

該店主要以臺灣小吃、養生燉品為主，包括滷肉飯、豬腳飯、焢肉飯、特色麵品及各式中藥養生燉品，並經常推出新口味，讓您在享受美食之餘，還可兼具養生功效。該店提供雅緻舒適、安全衛生的用餐環境，一般小吃店的價位，是您價美實惠的超值選擇。

◎店家資訊：國慶街98號　(02)2678-9909
◎營業時間：11:00~23:00
◎路線指引：位於國慶街與南雅路交叉口

北方水餃店

鶯歌知名的手工水餃店，有高麗菜及韭菜兩種口味可供選擇，精心調味的內餡鮮美可口，還有不能錯過的滷鴨翅、牛肉，以及各式現炒小菜，經常高朋滿座，可見其受歡迎一般。

◎店家資訊：國慶路169號
　　　　　　(02)2679-4459
◎營業時間：11:00~15:00；16:00~20:00
◎路線指引：從陶博館往陶瓷老街方向，
　　　　　　過涵洞洞直走約50尺處

臻福憶牛肉麵館

　　經濟實惠的麵館，美味招牌餐點有牛肉麵、海鮮鍋燒麵、乳香乾拌麵、酸辣湯餃，湯好料實在，且味道濃郁，滷味小菜也相當夠味，主食加小菜只要100元上下，十分划算。

◎店家資訊：重慶街16號 (02)2679-3263
◎營業時間：11:00~21:00
◎路線指引：從陶博館往陶瓷老街方向，過涵洞左邊
　　　　　　巷弄中，近陶瓷老街入口處

日利素食館

　　經濟實惠的素食小館，在這裡就像自己家一樣，以健康的概念出發，提供美味可口的素食餐點，鍋燒麵、蛋炒烏龍麵、蕃茄蛋炒飯、香椿乾麵，都是不能錯過的哦！

◎店家資訊：建國路185號 (02)2677-6770
◎營業時間：11:00~14:00；17:00~21:00
◎路線指引：火車站建國路出口左轉，往前約600公尺

破鑼小麵館

　　破鑼小麵館以乾麵、紅糟肉、豬頭肉，遠近馳名。50多年前破鑼原是一家小麵攤，老闆陳羅在堅持衛生與好口味之下，以改良的紅糟肉來增加麵品的口感，豬頭肉以當天上午的新品，過水燙過保持鮮嫩好味道，讓客人讚不絕口。現代麵店由第二代經營，因保持傳統好風味，仍是熱門的小吃店。

◎店家資訊：建國路246號 (02)2677-1776
◎營業時間：11:00~20:00
◎路線指引：三鶯文化巴士陶瓷老街後街站下車

其他餐飲資訊

店　　名	電　　話	地　　址
貴族世家牛排館		
佳欣快餐	(02)2670-5959	中山路129-1號
鍋神日式涮涮鍋	(02)2678-0511	中山路329巷6弄012號
壹咖啡	(02)2679-3292	中正一路058號
哥弟筒仔米糕	(02)2678-4886	中正一路085號
太郎麵館	(02)2679-7166	中正一路142號

瑞哥肉圓店	(02)8677-8977	中正一路200號
四季自助餐	(02)2678-6900	中正一路344號
甲等快餐	(02)2679-2449	文化路140號
朱記嘉義火雞肉飯	(02)8677-6077	文化路208-210號
陶伯麵食館	(02)2678-6538	文化路224號
紅屋麵包坊	(02)2677-6559	光明街195號
禾家咖啡	(02)2677-4577	光明街204號
阿嬤的麻糬	0939725649	尖山埔路3號
深坑臭豆腐	0952731321	尖山埔路39號
尖山埔咖啡簡餐	(02)2678-4701	尖山埔路50號
陶坊餐飲店	(02)2670-3638	尖山埔路119號
陶之緣	(02)8677-5558	尖山埔路125號
禛瓷點陶工作坊	(02)8677-4527	尖山埔路129號
椰林坊	(02)2679-4286	尖山埔路135號
李氏養生藥膳	(02)2677-6308	尖山路79-2號
食為天平價快炒	(02)2670-7669	尖山路189號
丹迪麵包店	(02)2677-2021	行政路31號
天心素食	(02)2678-2765	南雅路4號
小老鼠飲品王國	(02)8678-1233	南雅路16號
南雅路嘉義雞肉飯	0927763782	南雅路18號
阿蓮魷魚羹	(02)8677-2512	南雅路20號
夜市米粉湯	(02)2679-8216	南雅路24號1樓
上品素食館	(02)8677-5252	南雅路27號
向日葵烘焙坊	(02)2679-1742	南雅路48號
呷賀鵝莊	(02)8677-5856	南雅路49號
上青飯食店	(02)2677-6963	南雅路65號
南雅水餃麵食館	(02)2679-4295	南雅路394號
佳香牛肉麵	(02)2678-0267	南雅路437號
錢潮日式涮涮鍋	(02)8677-6833	南雅路449號
大地有機店	(02)2678-9335	建國路53-4號
我家牛排	(02)2678-1707	建國路159號
鶯歌池上飯包	(02)2670-2401	重慶街61號
陶之都和風複合式火鍋店	(02)2678-6396	重慶街84號
經濟小吃	(02)2679-6531	國慶街52號
上品快餐	(02)2670-6476	國慶街54號
豐米便當	(02)2678-0225	國慶街64號
興證點心坊	(02)2679-6416	國慶街67號
錦陶苑素食	(02)2679-3046	國慶街168號
福聲麵包店	(02)2679-1289	國慶街169-1號
亞原快餐店	(02)2679-1307	國慶街169-2號
八方雲集	(02)2677-2121	國慶街63號

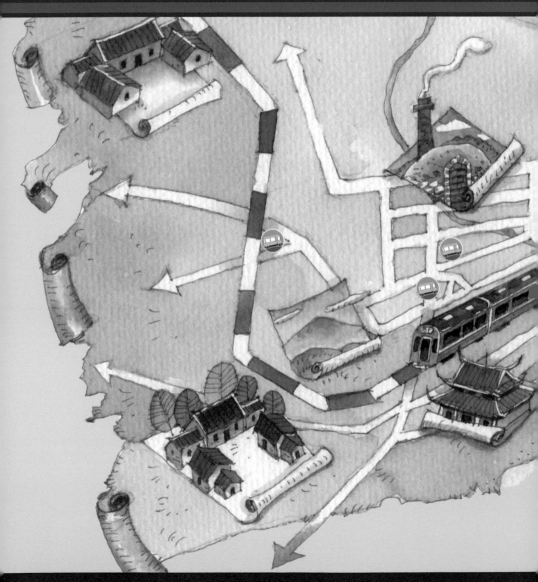

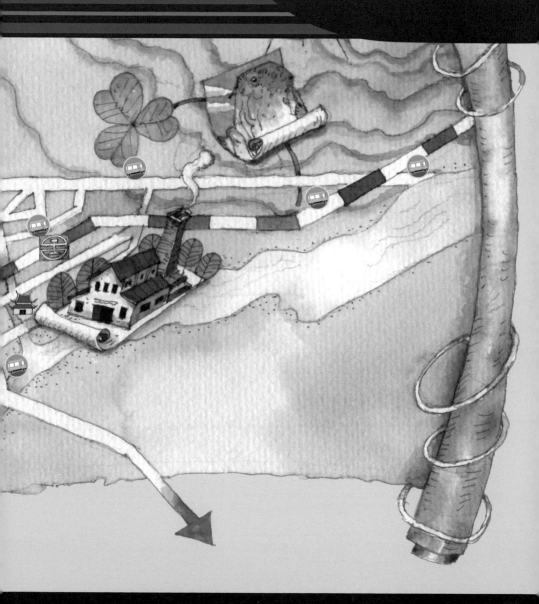

如何到鶯歌城

火車族	
搭乘台鐵電聯車至鶯歌站下車後，由文化路出口出站右轉，沿文化路步行約10分鐘可達。	

捷運公車族	
臺北客運 702	台北中華路－捷運新埔站－板橋－樹林－鶯歌陶博館－三峽
臺北客運藍 19	捷運板橋站－板橋－樹林－鶯歌陶博館－三峽
臺北客運 917	捷運永寧站－鶯歌陶博館
桃園客運	桃園－鶯歌陶博館－三峽

開車族	
1、高速公路	
國道3號（北二高）	三峽‧鶯歌交流道下，往鶯歌方向，經三鶯大橋約3分鐘可達。
國道2號（桃園內環線）	大湳（八德‧鶯歌）交流道下，往鶯歌方向，經鶯桃路－中山路－國慶街－文化路約10分鐘可達。
2、一般公路	
樹林、桃園、龜山方向來車	中山路－國慶街－文化路
八德方向來車	八德路－中正二路－文化路
三峽、土城、大溪方向來車	臺3線－三峽復興路－三鶯大橋－文化路

飛機族	
自從中正機場出關後，行車經國道2號（桃園內環線）約30分鐘即可達鶯歌。機場至鶯歌間沒有大眾交通運輸系統，必須事先安排車輛或搭乘計程車。	

三鶯假日文化巴士	
例假日發車 09:30-18:30 （每40分一班，每站均可上車）	
路線	陶博館－臺華窯－碧龍宮－傑作陶藝－鶯歌火車站－陶瓷老街後街－新太源藝術工坊－老街陶館－陶博館－客家文化園區－兒童海洋公園－安溪國小（李梅樹紀念館、三峽祖師廟）－溫泉休憩站大學風呂－客家文化園區－陶博館

鶯歌鎮停車場資訊

名稱	地址/電話	開放時間/服務資訊
鶯歌火車站建國路口停車場	仁愛路55號前 （02）2678-0202轉351	08:00-20:00 每小時30元
環河路公有停車場	陶博館對面，環河路旁	07:00-20:00 小型車每小時30元 大行車每小時50元
文化廣場公用停車場	陶博館對面，統一超商旁	00:00-24:00 免費，適合大型遊覽車停放
文化路公有停車場	陶博館對面，文化路與環河路交叉口	07:00-20:00 小型車每小時30元 大型車每小時50元
陶瓷老街三號公園停車場	國慶街、尖山埔路交叉口	平日 07:00-20:00 假日 07:00-23:00 小型車每小時30元 大型車每小時50元
育英公有停車場 （三號公園南側）	育英街、建國路交叉口 （02）2678-0202轉351	週一至五 07:00-20:00 週六 07:00-23:00 週日 07:00-21:00 小型車每小時30元 大型車每小時50元
宏德宮（孫臏廟）停車場	鶯歌鎮中正一路303巷內 （02）2670-7147	05:00-21:00 免費
鶯歌國小	鶯歌鎮尖山埔路106號 （02）2679-2038轉230	10:00-19:00 宿舍區 09:00-19:00 校園區 每次50元

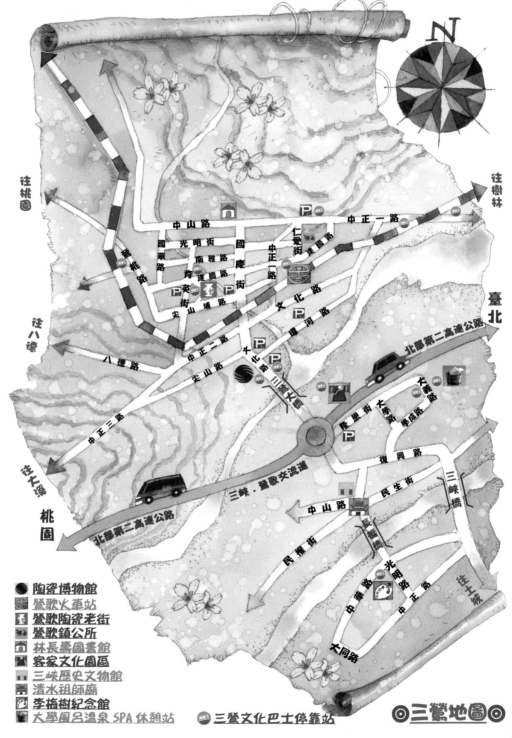

往桃園

往樹林

往八德

臺北

中山路
國華路 光明街 國慶街
南雅路
育達國路 中正一路
英街 尖山埔路
中正二路
八德路
尖山路
中正三路

中正一路

仁愛街 建國路

文化路

瀑河路

文化路

三鶯大橋

北部第二高速公路

北部第二高速公路

三峽・鶯歌交流道

往大溪
桃園

隆恩街
大學路 育成路
大義路

復興路

民生街

中山路

民權路

長福橋

三峽橋

往土城

中華路 光明路
中正路

大同路

陶瓷博物館
鶯歌火車站
鶯歌陶瓷老街
鶯歌鎮公所
林長壽圖書館
客家文化園區
三峽歷史文物館
清水祖師廟
李梅樹紀念館
大學風呂溫泉 SPA 休憩站

三鶯文化巴士停靠站

◎三鶯地圖◎

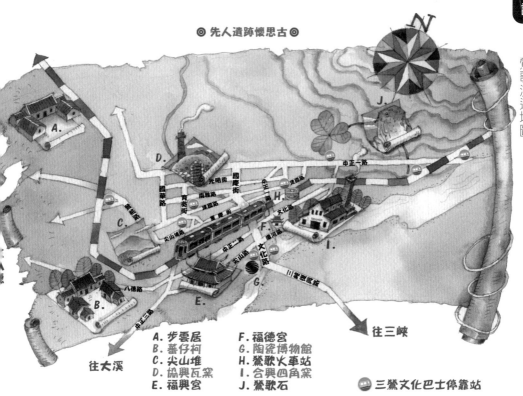

◎ 先人遺跡懷思古 ◎

往大溪

往三峽

A. 步雲居　　　F. 福德宮
B. 菁仔柯　　　G. 陶瓷博物館
C. 尖山堆　　　H. 鶯歌火車站
D. 協興瓦窯　　I. 合興四角窯
E. 福興宮　　　J. 鶯歌石

🚌 三鶯文化巴士停靠站

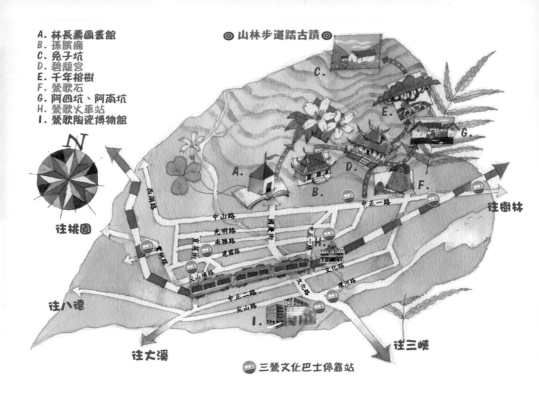

◎山林步道踏古蹟◎

A. 林長喬圖書館
B. 孫臏廟
C. 兔子坑
D. 碧龍宮
E. 千年榕樹
F. 鶯歌石
G. 阿四坑、阿南坑
H. 鶯歌火車站
I. 鶯歌陶瓷博物館

N

往桃園

往八德

往大溪

往樹林

往三峽

🚌 三鶯文化巴士停靠站

◎文化老街懷舊行◎

往三峽

往樹林

N

A. 鶯歌火車站
B. 農會穀倉
C. 成發居
D. 汪洋居
E. 福德宮
F. 陶瓷博物館

🚻 公廁　🚌 三鶯文化巴士停靠站

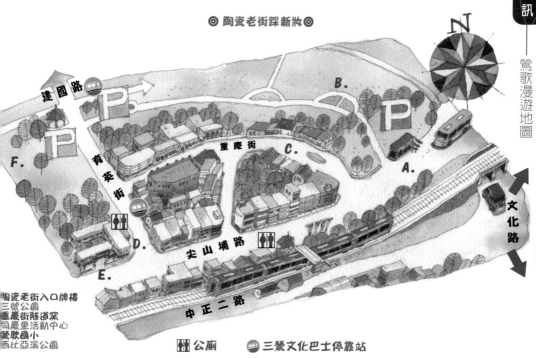

◎ 陶瓷老街踩新妝 ◎

N

建國路

P

P

F.

育英街

重慶街

B.

C.

P

A.

D.

尖山埔路

E.

文化路

中正二路

陶瓷老街入口牌樓
三號公園
重慶街隧道窯
同慶里活動中心
鶯歌國小
西比亞溪公園

🚻 公廁　🚌 三鶯文化巴士停靠站

國家圖書館出版品預行編目資料

【迆迆鶯歌】臺北縣鶯歌陶瓷深度之旅

臺北縣立鶯歌陶瓷博物館／策劃　藝術家出版社／出版.

-- 初版 . -- 台北市：藝術出版社 , 2006〔民95〕

面；15×21 公分

ISBN-13　978-986-7034-23-6　（平裝）

ISBN-10　986-7034-23-6　（平裝）

1.臺北縣鶯歌鎮　描述與遊記

673.29/103.6　　　　　　　　　　95019748

【迆迆鶯歌】
臺北縣鶯歌陶瓷深度之旅

臺北縣立鶯歌陶瓷博物館／策劃
藝術家出版社／出版

發 行 人	┃	何政廣
策　　劃	┃	臺北縣立鶯歌陶瓷博物館
企　　劃	┃	游冉琪
主　　編	┃	莊秀玲
執行編輯	┃	邱碧虹、江淑玲
撰　　稿	┃	陳俊雄、陳庭宣、蘇世德（依筆劃順序）
文字整理	┃	薛佩玉
美術設計	┃	廖婉君
封面設計	┃	曾小芬
攝　　影	┃	沈彥、孫國旗、翁庭華、陳靜白、彭春榮、華成攝影公司、劉振祥、鄭桑溪、簡榮泰、蘇世德等
特別感謝	┃	中國砂輪股份有限公司、方楺生、余淑麗、吳明儀、吳秋燕、李邱吉、良興陶瓷公司、和成欣業股份有限公司、林根成、席本諾股份有限公司、翁國珍、陳介民、曾萬財、黃世昌、新興陶瓷公司、嘉寶自然公司、簡榮泰等

出 版 者　┃　藝術家出版社
台北市重慶南路一段147號6樓
TEL：（02）2371-9692～3
FAX：（02）2331-7096
郵政劃撥：01044798 藝術家雜誌社帳戶

總 經 銷　┃　時報文化出版企業股份有限公司
倉庫：台北縣中和市連城路134巷16號
TEL：（02）2306-6842

南部區域代理　┃　台南市西門路一段223巷10弄26號
TEL：（06）261-7268
FAX：（06）263-7698

製版印刷　┃　欣佑彩色製版印刷股份有限公司
出版日期　┃　中華民國95年9月（初版）
ISBN-13　┃　978-986-7034-23-6
ISBN-10　┃　986-7034-23-6
定　　價　┃　新臺幣280元

臺北縣立鶯歌陶瓷博物館
23942臺北縣鶯歌鎮文化路200號
Tel：（02）86772727 Fax：（02）86774104
E-mail: services@ceramics.tpc.gov.tw
Website: http://www.ceramics.tpc.gov.tw